本书由吉林财经大学资助出版

区域品牌印象对消费者产品评价及购买意愿的影响研究

徐 明 著

中国社会科学出版社

图书在版编目（CIP）数据

区域品牌印象对消费者产品评价及购买意愿的影响研究 / 徐明著 .
—北京：中国社会科学出版社，2017. 12
ISBN 978 - 7 - 5203 - 1788 - 7

Ⅰ.①区…　Ⅱ.①徐…　Ⅲ.①区域经济发展—产业发展—品牌
战略—影响—消费者—行为分析—中国　Ⅳ.①F127②F713. 55

中国版本图书馆 CIP 数据核字(2017)第 316854 号

出 版 人	赵剑英	
责任编辑	吴丽平	
责任校对	夏慧萍	
责任印制	李寡寡	

出　　　版	中国社会科学出版社	
社　　　址	北京鼓楼西大街甲 158 号	
邮　　　编	100720	
网　　　址	http://www. csspw. cn	
发 行 部	010 - 84083685	
门 市 部	010 - 84029450	
经　　　销	新华书店及其他书店	

印　　　刷	北京明恒达印务有限公司
装　　　订	廊坊市广阳区广增装订厂
版　　　次	2017 年 12 月第 1 版
印　　　次	2017 年 12 月第 1 次印刷

开　　　本	710×1000　1/16
印　　　张	12. 5
插　　　页	2
字　　　数	180 千字
定　　　价	45. 00 元

前　　言

　　本书作者致力于区域品牌领域的相关研究已十二年有余，其研究团队围绕该领域成功申报国家自然科学基金面上项目两项、教育部一般规划项目一项、教育部青年基金项目一项。本书是作者参加的国家自然科学基金面上项目（项目编号：71372214），主持的教育部"春晖计划"合作科研项目（项目编号：S2016011）、吉林省教育厅高校人文社会科学研究规划项目（重点项目，项目编号：JJKH20170129SK）及吉林财经大学校级重点项目（项目编号：2017Z10）的部分研究成果。

　　当消费者面对来自某区域品牌的产品时，如景德镇瓷器、西湖龙井茶等，受到了自身对产品所在地区、地区内民众、企业、产业及产品等外部线索形成的各种印象的综合刺激与影响，购买行为展现出与购买普通品牌产品、原产国产品具有差异性。消费者对区域品牌形成的综合印象对购买行为的影响受到学界和实践界的广泛关注，而现有理论尚未厘清区域品牌印象的概念与构成维度，缺乏测量量表，多数研究成果直接采用原产国理论、品牌理论进行验证与测量，仅验证了上述某单一印象或几种印象的组合对消费者购买意愿的影响，忽略了区域品牌特有的其他同样发生作用的印象，未还原消费者实际的决策过程，没有综合观察区域品牌印象各维度同时作用于消费者所引起的购买意愿变化。

　　消费者不仅对区域品牌产品的决策行为与普通品牌产品、原产国产品不同，对其评价角度也存在差异。消费者面对区域品牌产品做出购买决策之前，一方面会较多考虑到区域品牌产品所在地区常年大量生产这种产品，历史悠久、质量可靠，在功能方面值得信赖；另一方面会较多考虑将这种非常有代表性、专业化生产的产品赠予他人，非常有面子，具有象征意义。现有多数研究将原产国产品或普通品牌产品的评价指标直接套用至该领域，从传统的态度、认知及购买意愿路径或是感知价值、感知风险等维度测量消费者对区域品牌产品的评价，缺乏基于区域品牌产品公共特有属性视角的产品评价方法，所验证的印象、评价与购买意愿之间的关系不能较好地解释实际现象。与此类似，消费者涉入度、区域品牌类型等很多问题都缺乏针对性的研究，直接套用相关理论时都存在忽略区域品牌特殊性的问题。

　　基于上述现象与研究现状，区域品牌印象概念界定不清与无法测量的问题，阻滞了该领域的研究。解决区域品牌印象的概念界定与测量问题，才能验证区域品牌印象与其他变量的关系，检验区域品牌印象效应。整个研究具体分为四个阶段，阶段一：检验区域品牌印象与消费者购买意愿之间的关系，阶段二：检验消费者地区涉入度对二者之间关系的调节作用，阶段三：检验消费者产品评价在区域品牌印象与消费者购买意愿之间的中介作用，阶段四：检验区域品牌类型对区域品牌印象与消费者产品评价之间关系的调节作用。

　　在开展正式调研之前，首先对涉及的尚无成熟测量量表的构念，开发、修订测量量表，为后续研究提供测量工具。通过文献研究、深度访谈、专家评审等步骤，对区域品牌印象进行概念界定，识别出其主要由地区印象、民众印象、企业印象、产品印象与产业印象构成。开发了一个具有 5 个因子，拥有 15 个题项，信度与效度良好且普适性较好的区域品牌印象测量量表。通过深度访谈识别出消费者地区涉入度这一构念并加以界定，通过对 PII 量表的修订，得到了一个单维、拥有 6 个题项、信度与效度良好的消费者地区涉入度测量量表。

基于构建的区域品牌印象效应理论模型，本研究通过对区域品牌印象、购买意愿、消费者产品评价、消费者地区涉入度与区域品牌类型之间关系进行验证，得出以下主要结论。第一，确认了区域品牌印象是一个五维度的可测构念，分别是地区印象、民众印象、企业印象、产业印象与产品印象。第二，当地区印象、民众印象、企业印象、产业印象与产品印象五个维度同时作用于消费者时，区域品牌印象正向影响消费者购买意愿，且各维度的重要性由强到弱依次为：民众印象、产品印象、地区印象、产业印象与企业印象。第三，消费者产品评价在区域品牌印象与购买意愿之间起中介作用，积极的区域品牌印象通过消费者较好的象征性评价与功能性评价影响购买意愿。第四，消费者地区涉入度调节区域品牌印象与购买意愿之间的关系，具体来说，调节民众印象、产品印象与购买意愿之间的关系，即当消费者地区涉入度较低时，民众印象、产品印象对购买意愿的影响较大。第五，区域品牌类型调节区域品牌印象与消费者产品评价之间的关系，具体来说，与地理依赖型区域品牌相比，非地理依赖型区域品牌的民众印象、产品印象对产品评价的影响均更大；与非地理依赖型区域品牌相比，地理依赖型区域品牌的地区印象对功能性产品评价的影响更大，产业印象对产品评价的影响更大。第六，区域品牌印象量表结构稳定，普适性良好，既适用于测量地理依赖型区域品牌，也适用于测量非地理依赖型区域品牌。

本研究的主要理论贡献如下。第一，构建了区域品牌印象效应理论模型，使区域品牌印象与消费者产品评价及购买意愿之间的关系得以验证。第二，开发一套具有普适性的区域品牌印象量表，可以为未来验证区域品牌印象与其他变量关系的研究提供测量工具。第三，全面系统地识别了区域品牌印象的五维度构成，验证五个维度同时作用于消费者的情境下区域品牌印象与购买意愿的关系，使区域品牌印象各构成维度对购买意愿的影响程度得以明确。第四，将消费者产品评价划分为象征性评价与功能性评价的划分方法引入区域品牌印象效应模型，验证其中介作用，使区域品牌产品的评价方法得以明确。

　　本书首要感谢的是笔者的硕士导师孙丽辉教授与博士导师吴小丁教授，她们给予笔者科学规范的学术训练，不断提升笔者的研究水平与研究品位。两位导师科学严谨、实事求是的研究作风对笔者产生了深远影响。在本书所涉及的研究内容中，笔者力求严谨规范，遵从科学研究流程。在本书的撰写过程中，魏胜博士、范苗苗博士等同门师兄妹提出了许多建设性的意见和建议，帮助本书不断改进和完善。本书还要特别感谢在调研过程中给予大力支持和热情帮助的所有同行、友人，是你们的认真负责保证了数据的真实有效。中国社会科学出版社的吴丽平编辑为本书的顺利出版做了大量工作，由于篇幅限制，未能一一列举为本书提供过支持和帮助的人们，在此谢过。

　　由于时间关系和水平有限，呈现在读者面前的这份研究成果还不成熟，存在一定的局限性。希望各位同行专家提出宝贵意见，同时，也期望更多的学术同行关注和研究在产业集群基础之上形成的区域品牌，为区域品牌的理论发展和区域品牌化的实践做出一份贡献。

目　录

第 一 章

绪　　论

第一节　问题的提出

作为消费者，我们可能都有过类似的体验，当你面前出现价格相同、品牌均不熟悉的两款葡萄酒时，如果仅有原产国信息，那么来自法国的葡萄酒便更容易得到消费者的青睐。也就是说，消费者在做出购买决策时，不仅受到与产品本身直接相关的质量、价格等内部线索的影响，同时还受到产品品牌、原产国印象、生产企业信息等外部线索的影响（Batra and Homer，2004；Caldieraro，2016；Iglesias et al.，2017）。在产品标签中加入原产国信息，会有效增加消费者对产品质量的信心（Johnson and Bruwer，2007），以强化购买意愿。可以看到，凡是来自某国的标志性产品，如德国的汽车、日本的小家电、瑞士的手表等，都展现出了对消费者特有的吸引力与影响力。原产国印象作为影响消费者做出购买决策的外部线索之一，其效应得以被识别、验证，并解释上述现象。

法国目前有 1800 多家葡萄酒酒庄[①]，当你面前又出现两款葡萄酒，它们价格相同、品牌均不熟悉，但都来自法国，你该如何决策呢？如果卖家提供其中一款葡萄酒来自法国波尔多葡萄酒产区的线

[①]　数据来源：中国红酒网，网址 http://www.winechina.cn/。

索时，你的购买意愿是否会提高呢？如果你表现出倾向于购买来自波尔多产区的葡萄酒，购买意愿受到了对产品所在区域印象的影响，此时，原产国效应理论便无法有效解释这种消费行为。现实中，出现了一些地区以大量生产或加工某产品而闻名的现象，如美国硅谷的高科技产品、印度班加罗尔的软件产品、中国景德镇的陶瓷产品等，我们暂且称之为区域品牌。区域品牌可以使产品与国内外竞争者有效地区别开来，这些现象引起了众多学者的关注。

消费者面对来自某区域品牌的产品时，如景德镇瓷器、西湖龙井茶等，对产品所在地区、地区内民众、企业及产业形成的印象可能会同时作用于消费者，影响他们的购买决策，购买行为呈现出特殊性。你可能有过这样的经历，由于特别喜欢或者厌恶某个地区的民众，而因此倾向于或者绝不购买来自这个地区的产品。当你面对品牌均不熟悉的众多产品时，你可能会依据产品所在地区、产品所在地区民众、生产加工企业、所处行业整体发展情况等信息给你留下的大致印象进行综合判断。比如来自重庆涪陵地区与东北地区分别生产的不知名榨菜摆在面前时，你肯定倾向于购买前者，因为重庆地区或许给你留下了榨菜产业发达、生产历史悠久、酿制工艺独特、民众勤劳能干的印象，这些印象共同构成了区域品牌印象。[①]消费者购买某区域品牌产品时，同时受到对区域品牌所形成的各种印象的综合刺激与影响，并非某个印象单独产生影响（Stylidis et

---

[①] 许多国内学者将 Brand Image 译成"品牌形象"、Store Image 译成"商店形象"、Country-of-origin Image 译成"原产国形象"、Regional-industrail Brand Image 译成"区域品牌形象"。《现代汉语词典》中对"印象"和"形象"的解释："印象"指客观事物在人的头脑里留下的迹象；"形象"指能引起人的思想或感情活动的具体形状或姿态。据此可知，"印象"侧重主观感知，"形象"侧重客观存在。将"Image"译成"印象"更能体现消费者对产品、原产国、区域品牌主观层次的认知。一些学者将 Brand Image 译成"品牌印象"（袁登华和杨双，2011），将 Store Image 译成"店铺印象"（侯旻和吴小丁，2010；欧阳文静和冯蛟，2013）。因此，本书在引用英文文献时，将 Country-of-origin Image 译成"原产国印象"、Regional-industrail Brand Image 译成"区域品牌印象"。为使文章中涉及的关键词语前后一致，在引用中国学者研究成果时，凡涉及上述专有名词时，均引为"××印象"。

al.，2016）。而现有理论尚未厘清区域品牌印象的概念与构成，研究成果仅验证了上述某单一印象或几种印象的组合对消费者购买意愿的影响，未还原消费者实际的决策过程，没有综合观察区域品牌印象各维度同时作用于消费者所引起的购买意愿变化。如李东进等（2007）提及地区印象、民众印象和产品印象三个维度，许基南和李建军（2010）提及区域印象、产品印象、消费者印象和产销企业印象四个维度，梁海红（2013）提及产业印象和产品印象两个维度。区域品牌印象究竟应包含多少构成维度？各维度如何同时影响消费者对区域品牌产品的购买行为？如何测量这种影响？本书试图回答在真实消费情景中，当这些影响同时发生作用时，消费者如何进行决策的问题。

由于区域品牌具有公共属性，并且所在地区以生产或加工这种产品闻名于世，消费者购买这种产品时，更愿意向亲朋好友强调这是来自某某地区的产品。试想一下你赴外地出差、观光，通常会购买当地的区域品牌产品自己留用或是赠予亲朋好友，一方面你会想到该地区大量生产这种产品，历史悠久、质量可靠，在功能方面值得信赖；另一方面你更多考虑的是将这种非常有代表性、专业化生产的产品赠予他人，非常有面子，很有象征意义。可以看出，消费者对区域品牌产品会形成自己的主观评价，有时从产品质量、安全等功能性角度进行评价，有时从产品给自己带来的地位、档次等象征性角度进行评价，与普通品牌的产品评价表现出了差异。而目前针对消费者如何评价区域品牌产品方面的研究，多数是将原产国产品或普通品牌产品的评价机制套用至该领域，从传统的态度、认知及购买意愿路径或是感知价值、感知风险等维度进行评价。如Dodds 等（1991）从感知质量、感知价值和购买意愿三方面，Lefkoff-Hagius 等（1993）从特征属性、功能属性和印象属性三方面测量消费者对区域品牌产品的评价。使用这些评价指标是否能够真实了解消费者对区域品牌产品的评价呢？消费者对区域品牌产品的评价与对原产国产品、普通品牌产品的评价有哪些异同？可否从象征性与功能性两个角度出发，建立区域品牌产品的评价方法，进而验证其与区域品牌印象、购买意愿之间的关系呢？

消费者对某类产品款式、价格、品牌、材质等信息了如指掌，学者称其为产品涉入度较高，并验证了当涉入度较高时，消费者决策更趋于理性化，品牌印象对购买意愿的影响越弱。消费者产品涉入度能否同样影响区域品牌印象与购买意愿之间的关系呢？即当消费者产品涉入度较高时，区域品牌印象对购买意愿的影响也同样越弱。带着这个疑问，本书以"温州——中国鞋都"为对象，试访了消费者。结果发现，当消费者对鞋类产品涉入程度较高时，并不能影响中国鞋都印象与购买意愿之间的关系。那些根本没听说过中国鞋都的消费者，表现出当区域品牌印象越好，越会购买温州鞋的想法；那些曾经在温州工作、生活过，或因出差、旅游至此地，对该地区较为了解的消费者，决策更为理性，较少受到区域品牌印象的影响。从访谈结果中，本书初步判定消费者对产品所在地区的了解熟悉程度在区域品牌印象与购买意愿间起了重要的调节作用，暂且将其命名为消费者地区涉入度。如何界定并测量消费者地区涉入度？它如何影响区域品牌印象与购买意愿之间的关系呢？有些区域品牌的形成离不开所在地区特有的地理资源要素，如景德镇瓷器、山西老陈醋、长白山人参等，学者称之为地理依赖型区域品牌；有些区域品牌产品迁至异地生产仍能保证原有的产品品质，如义乌小商品、青岛家电、晋江鞋业等，学者称之为非地理依赖型区域品牌。消费者对区域品牌所形成的印象与区域品牌产品评价之间的关系，是否因为区域品牌类型不同而存在差异性？企业如何根据产品所处的区域品牌类型调整营销策略？

综上所述，区域品牌印象概念界定不清与无法测量的问题，阻滞了该领域的研究。区域品牌产品在产品评价、消费者涉入度及品牌类型等方面都表现出了与原产国产品、普通品牌产品的差异性，直接套用原有相关领域的理论研究成果，不能还原真实消费情境、准确解释现象。基于此，本书首先试图通过开发区域品牌印象量表，解决如何测量的问题。其次拟从功能性与象征性两个角度测量消费者对区域品牌产品的评价，建立区域品牌印象、产品评价与购买意愿三者之间的关系，揭示区域品牌印象效应的作用机理，同时验证区域品牌类型的调节作用。最后通过识别消费者地区涉入度这一变量，检验其调节作用，回答企业面对不同程度地区涉入度的消费者，如何制定营销策略的问题。

第二节 研究背景

区域品牌领域的研究，以原产国理论、品牌理论及广义区域品牌理论为理论来源，一些学者从消费者视角出发，检验了区域品牌效应存在的特性（牛永革和赵平，2011）。由于尚无直接测量区域品牌印象的量表，因此有些研究直接套用测量原产国印象或品牌印象的量表（孙丽辉，2015；张传统，2015）。成熟的原产国印象量表包含整体国家属性、整体民众属性和整体产品属性三个维度（Martin and Eroglu，1993；Parameswaran and Pishrodi，1994；李东进等，2010），区域品牌印象除包含这三个维度之外，还应包含反映整体产业与企业印象等方面内容，因此原产国印象量表不适用于直接测量区域品牌印象。成熟的品牌印象量表包含产品印象、公司印象及使用者印象三个维度（Biel，1993），同样不能全面反映具有公共属性的区域品牌印象，因为忽略了区域品牌产品所在地区印象与民众印象等内容，因此品牌印象量表也不适用于直接测量区域品牌印象。广义区域品牌印象的测量维度，包含区域印象、民众印象等，可以作为狭义区域品牌印象测量的题项来源。基于上述分析，亟待开发一套贴近实际现象、贴近研究问题，适用于测量狭义区域品牌印象的量表，为量化研究提供测量工具，科学地推动该领域的量化研究。

无论使用原产国印象量表，还是品牌印象量表对区域品牌印象进行测量，都从不同角度忽略了区域品牌印象自身的特殊属性。如上所述，目前没有能够明确反映区域品牌印象构成维度的研究，因此研究结论不能准确测量出当区域品牌印象所有的维度同时作用于消费者的情况下，产品评价与购买意愿所受到的影响。而消费者对于这种具有公共属性的区域品牌产品评价，如果同样采用单体品牌产品的评价测量量表，仍旧会忽视区域品牌产品的公共属性。应借鉴或使用测量同样具有公共属性的国家产品评价量表，从产品功能性评价与产品象征性评价两个角度出发（安中石和吴静芳，2003），验证其在区域品牌印象与购买意愿之间的中介作用，而非使用从感知质量、感知价值等维度出发所设计的测量单体品牌产品评价的量表。

与此同时，大量研究证实了产品涉入度在品牌印象与购买意愿之间（Keller，1993）、在原产国印象与产品评价之间（Alexander et al.，2008；Josiassen，2010）的调节作用。产品涉入度对区域品牌印象与购买意愿关系的调节作用是否同样显著，需要进一步验证，以便完善区域品牌印象效应理论模型。目前消费者行为研究领域通用的产品涉入度测量量表（Zaichkowsky，1985）是否适用于测量消费者对公共产品的涉入度，也需进一步验证。如果不适用，亟须通过观察现象、深度访谈等研究手段识别公共产品涉入度的内涵，并基于研究需要，在成熟的产品涉入度测量量表基础之上进行修订。

此外，一些研究对区域品牌类型进行了划分，并对不同类型区域品牌的形成过程、效应强度、培育对策进行了验证（孙丽辉，

2015；牛永革和赵平，2011；李亚林，2012）。而目前十分缺乏关于不同类型区域品牌印象对消费者产品评价是否存在显著差异的实证研究，厘清这些变量间的关系，将能够更有针对性地提出不同类型区域品牌如何配置各印象维度以获得较好的产品评价。

一个成功的区域品牌已经成为各地区产业的名片，不仅象征着该地区经济的实力，也吸引着国内外各地区的消费者。随着国际贸易与全球市场的发展，消费者越来越关注区域产品在全球市场的竞争力。作为影响消费者购买意向的外部线索之一，如何识别并发挥区域品牌印象效应受到营销学者和企业管理者的广泛关注。区域品牌印象领域目前缺乏从消费者视角进行的定量研究，存在大量亟须验证的科学问题。综上所述，本书发现现有原产国印象与品牌印象效应理论均不能完全解释区域品牌印象效应，存在一定的不适用性。而区域品牌印象领域的研究，尚未有将区域品牌印象各要素均考虑在内，在一个框架内进行的研究。区域品牌印象包含哪些要素？如何进行测量？如何影响消费者产品评价及购买意愿？不同消费者地区涉入度、不同区域品牌类型条件下，区域品牌印象作用机制如何发生变化？都是本书亟待解决的科学问题。

第三节　研究范围界定

围绕原产国印象的应用研究主要有两个层面，分别是国家（经济体）层面与产品层面。在国家层面，原产国印象（Country-of-origin Image）是某人对某一特定国家所持有的描述性的、推断性的以及情报性的信念的总和（Martin and Eroglu，1993）。在产品层面，原产国印象（Product-country Image）是指消费者对某国具体品牌或产品的印象（Roth and Romeo，1992）。经过多年的研究发展，上述两个层面均发生了不同程度的拓展。产品层面的研究主要拓展到以区域内共有的知名产业产品品牌为研究对象，文献中多以 Regional-industrial Brand、Industrial Cluster Brand 或是 Regional Cluster Brand 等形式出现，也被国内学者翻译为区域品牌，相应地，本书将其界定为狭义的区域品牌。从研究对象角度来看，本书所关注的区域品牌属于该研究范畴。区域品牌领域的研究刚刚兴起，学界出现了很多与其相类似的词汇，尚未统一，如集群品牌、地理品牌等，它们与区域品牌是什么关系？内涵是否相同？概念边界是否能够清晰区分？基于此，非常有必要事先明确本书中区域品牌的研究范围，厘清其与相近概念的关系。

一 本书中区域品牌的概念

本书关注的区域品牌是指某区域以大量企业规模化生产某产品而形成产值较高、市场占有率较大的产业，进而在消费者心目中形成具有较高知名度与美誉度的公共品牌。区域品牌的命名方式通常为"地域名称 + 产业/产品名称"，如顺德家电、义乌小商品、金华火腿、长白山人参等。其中有些区域品牌的命名来自国家级行业监督管理部门，如 2001 年，中国轻工业联合会授予温州"中国鞋都"的称号；2005 年，中国轻工业协会和中国乳制品工业协会联合授予呼和浩特"中国乳都"的称号等。有些区域品牌的命名则始于历史传承，消费者耳熟能详的口碑，如山西老陈醋、涪陵榨菜等。根据上述定义描述，区域品牌应具有如下四个特征：第一，规模性。区域内拥有大量企业生产同一产品，实现了规模化生产，非手工作坊模式，不同于地方特产。第二，集聚性。大量企业在地理空间范围内集聚在一起，形成了具有特色的产业。第三，品牌性。区域品牌具有一般品牌所具有的所有特征，在消费者心目中知名度、美誉度较高。第四，公共性。区域品牌归区域内所有企业共同拥有和使用，不归属于某个具体企业或集团。

二 区域品牌与集群品牌的异同

基于产业集群所形成的公共品牌，学者称其为"集群品牌"（姚向军，2005），命名方式为"地域名称＋产业名称"，归集群内部所有企业共同拥有。本书通过对国内典型集群品牌的形成过程进行梳理，如顺德家电、中国电器之都等，发现集群品牌具有三个特征。第一，产品在所在地区已经形成了规模化生产，拥有大量的生产加工企业，这些企业在地理位置上相对聚集，形成了产业集群。第二，产品所处产业产值在全国处于领先地位，是所在地区的支柱型产业。第三，集群内聚集的企业已经或者准备创立产品品牌，形成了品牌簇群，一些龙头企业的产品品牌已经全国知名。根据上述定义描述与特征分析，集群品牌是区域品牌的一种，更侧重于产业的规模性与集聚性。

三 区域品牌与地理品牌的异同

产品名称及其区别于其他同类产品的各种标识通称为地理品牌（牛永革，2014），其命名原则为"地域名称＋产品名称"，如西湖龙井茶、景德镇瓷器等。本书通过对国内知名地理品牌形成过程与现状观察，如长白山人参、山西老陈醋等，发现其主要具有四个特征。第一，区域内形成了较多的生产企业，并且在地理位置上相对聚集。第二，产品与地理资源或生产者密不可分，迁至其他地区生产无法实现复制，具有很强的地理依赖性。第三，属于公共品牌，地区内所有生产者共同所有。第四，地区以其地理品牌闻名，虽实现了规模化生产，但地理品牌产业不一定是当地支柱产业，单体产品品牌未必知名。综上所述，地理品牌实际上属于地理依赖型的区域品牌，本质上就是区域品牌的一种，具有区域品牌所有的属性。

更宽泛意义的地理品牌还包括地方特产，但由于其规模性与产业性均未达到区域品牌的程度，不在本书的关注范围内。

第四节　研究内容与结构安排

本书的主要目标是验证区域品牌印象与消费者产品评价以及购买意愿之间的关系，同时检验消费者地区涉入度和区域品牌类型的调节作用。采用规范的文献研究、深度访谈、问卷调查等定性与定量相结合的研究方法实施研究过程。按照本书的逻辑主线（见图1－1），全书共分为六章，各章具体安排和主要内容如下。

第一章，绪论。本章通过阐述区域品牌印象对消费者产生影响的具体现象和理论研究现状，识别研究机会，清晰地界定研究范围。对研究可能产生的理论意义和实践意义进行提炼与归纳，对研究内容、论文整体框架、章节分布及所使用的主要研究方法进行概要性的介绍，对研究工作可能做出的创新进行论证。

第二章，文献综述。基于绪论中界定的研究范围，为解答所提出的研究问题，本书识别出五个研究变量，分别是区域品牌印象、购买意愿、消费者产品评价、区域品牌类型及涉入度。本章对这五个研究变量的理论基础、概念界定、变量测量及研究脉络进行详细的梳理，对涉及这些变量间关系的研究进行归纳与总结，从现有研究成果中发现研究缺口，探寻构建本书变量之间关系的理论支撑。

第三章，量表开发。基于第二章对相关变量进行的文献综述，发现区域品牌印象与消费者地区涉入度作为本书的重要构念，其概念界定与测量问题均尚未明确。基于此，在构建本书理论模型及变量间关系之前，本章的主要内容是明确界定区域品牌印象与消费者地区涉入度的可操作化定义，遵循科学规范的研究程序，通过深度访谈、预测试等方法，分别开发、修订区域品牌印象与消费者地区

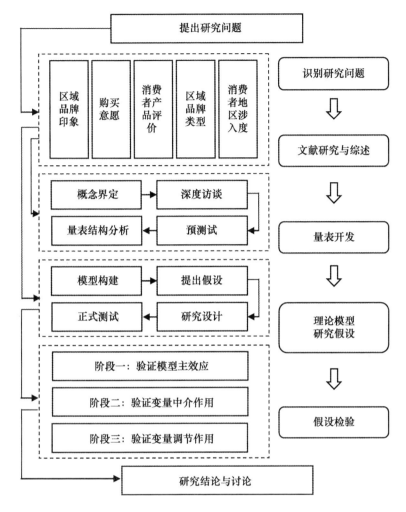

图 1-1 本书实施的逻辑主线

涉入度测量量表，为后续整体研究构建理论框架奠定基础，并提供有效测量工具。

第四章，理论模型与研究假设。本章在文献回顾、理论分析的基础上，主要采用演绎推理等方法，构建区域品牌印象、消费者产品评价和购买意愿之间的关系，形成理论模型，并对核心构念间的关系提出假设。同时，推导出消费者地区涉入度、区域品牌类型对核心构念间关系可能产生的调节作用及调节方向，提出相关假设。

第五章，研究设计与假设检验。本章首先明确了理论模型中各构念的测量工具，采用问卷调查方法，在地理依赖型与非地理依赖型中分别选取具有代表性的区域品牌进行测试。通过相应软件对回收的有效样本数据进行分析，采取回归分析、多层回归分析等方法检验理论模型的主效应、消费者产品评价的中介作用、消费者地区涉入度及区域品牌类型的调节作用。根据数据分析与假设检验结果，归纳所有假设的成立情况。

第六章，研究结论与展望。通过对数据分析结果及假设成立情况的深度剖析，得出本书的主要结论，并对导致结论可能产生的原因进行讨论。重点阐述本书的理论贡献和营销启示，同时针对研究中存在的一些不足之处进行分析，对可能存在的未来研究方向进行展望。

第五节　研究意义与创新

一　理论意义

第一，全面识别区域品牌印象的构成维度，在同一个理论框架内检验区域品牌印象各维度对消费者产品评价及购买意愿的影响。消费者对区域品牌产品的购买决策，受到区域品牌印象所有维度的共同影响，这种影响不是某一个印象维度单独作用于消费者，而是同时发生作用。如果仅验证其中某一个维度或是几个维度对消费者的影响，既脱离现实情境，也无法了解区域品牌印象各维度之间的交互影响。本书如果能够识别出区域品牌印象所有的构成维度及其作用机理，将在较为复杂的外部印象线索条件下，进一步完善该领域的理论研究。

第二，通过开发区域品牌印象量表，能够使区域品牌印象变为可测量的构念，为区域品牌领域定量研究提供测量工具。目前对区域品牌印象的测量要么套用原产国印象的测量量表，要么套用品牌印象的测量量表。原产国印象量表侧重于对国家印象、民众印象与产品印象的测量，直接套用的话，忽视了区域内企业印象、产业印象等要素的影响。品牌印象量表侧重于对产品功能、地位身份等方面的测量，直接套用的话，忽视了公共品牌诸多要素的影响。如果能够遵循科学规范的量表开发步骤，从构成角度开发一套区域品牌印象测量量表，将使其成为一个可测量的构念，解决其无法量化研究的问题。该量表不仅能够成为验证本书理论模型的有效工具，也是验证区域品牌印象与其他变量关系的定量测量工具，解决了如何科学、量化评价区域品牌印象的问题。

第三，借鉴地区印象领域的研究，将消费者对区域品牌产品的评价划分为象征性评价和功能性评价，并引入至区域品牌印象效应模型中，如果能够验证其在区域品牌印象与购买意愿之间的中介作用，将构建一条区域品牌印象通过产品评价影响购买意愿的重要路径，还将确立一种适用于消费者对区域品牌产品进行评价的测量方法，更好地解释消费者对区域品牌产品的决策过程。以往对区域品牌产品的评价，一般通过测量消费者对产品的认知、态度及购买意愿，抑或是感知风险、感知价值等变量。而对于具有公共属性的区域品牌而言，消费者决策行为的特殊性体现在消费者既考虑产品功能、可靠性等方面，还考虑产品所带来身份、地位等方面的满足感。将消费者产品评价从这两个角度进行划分，能够更细致地了解消费者对区域产品的感知，完善区域品牌印象对消费者购买意愿的作用机理。

二　实践意义

第一，对于区域内企业经营者来说，本书将探索区域品牌印象各维度对消费者购买意愿的影响，区域内的企业可以据此更好地利用区域品牌印象效应。主要体现在：如果能够明晰区域品牌印象的构成，验证各维度同时作用于消费者时购买意愿受到的影响，能够让企业营销人员深刻意识到区域品牌印象的重要性，并依据各维度的作用强度，制定有针对性的营销策略。为区域内企业解答在进行产品市场开拓时，如何高效利用或规避区域品牌印象效应的问题；解答如何借势于区域品牌印象，有针对性地设计营销方案的问题；解答当面对不了解产品、不熟悉产品所在地区的消费者时，如何利用区域品牌印象各要素以提高消费者购买意愿的问题。如果能够验证区域品牌印象通过消费者产品象征性评价和功能性评价影响购买意愿，将使企业清晰地意识到区域品牌印象对购买意愿的作用路径，有效地指导企业制定产品营销战略。不仅要注重产品的功效、可靠性等方面，更要注重消费者购买产品所能带来的地位、档次等方面的满足感，而不是遵循感知价值最大化、感知风险最小化的原则。

第二，对于区域外企业投资者来说，在进行设厂选址时，受到区域内土地价格、人力成本、优惠政策等因素的影响，进入已经形成产业集群、区域品牌的地区，可以降低交易成本，坐享区域品牌带来的便利，看起来是一个不错的选择。中国地域广阔，区域发展不平衡，导致各地地区印象与民众印象呈现较大差异，投资方自身的企业印象和产品印象与区域品牌印象之间的匹配程度显得尤为重要。本书如果能够识别并验证区域品牌印象各维度对消费者购买意愿的作用，将引起区域外投资者对区域品牌印象的重视，更加科学地解答是否选择一个已经形成区域品牌的地区进行投资的问题。对于那些已经选择进入拥有区域品牌地区的企业，本书对区域品牌印象的界定，能够帮助这些企业以区域品牌印象效应为前提，制定营销策略，融入并借势于区域品牌以快速获得消费者青睐。

本书的创新之处主要如下。

　　第一，还原区域品牌印象所有维度同时作用于消费者的真实决策环境，首次验证了各维度同时作用于消费者时，区域品牌印象与产品评价及购买意愿的关系，揭示了区域品牌印象效应的作用机制。以往的研究仅验证了区域品牌印象中某一个维度（比如地区印象）或几个维度的组合对消费者产品评价及购买意愿的影响，忽略了同时产生影响的其他维度。即便有研究将其视为一个整体概念，也没有明确其内涵、构成要素，更缺乏定量研究。

　　第二，首次开发区域品牌印象量表，将其变为可测量的构念。目前关于区域品牌印象的研究，尚未有统一的概念界定，也未有较为成熟的测量量表，量化研究稍显滞后。本书遵循严谨规范的量表开发步骤，通过文献研究、深度访谈、专家评分、预调研等研究过程，从区域品牌印象构成角度对其进行概念界定，明确其由地区印象、民众印象、企业印象、产品印象与产业印象构成，并率先开发具有良好信度与效度的测量量表。

　　第三，首次将产品评价划分为象征性评价与功能性评价的划分标准引入区域品牌印象研究框架，发现并验证象征性评价与功能性评价在区域品牌印象与购买意愿之间的中介作用。由于区域品牌具有公共属性，消费者对此类产品的购买行为具有特殊性，原有单体品牌产品与原产国产品评价体系均不能充分解释并测量消费者对这种公共品牌的产品评价。因此，本书参考地区印象效应领域对消费者产品评价的划分标准，将消费者对区域品牌的产品评价划分为象征性评价与功能性评价，并引入区域品牌印象效应模型，验证其在区域品牌印象与购买意愿间的中介作用，确认了这种评价方法更适用于评价具有公共属性的区域品牌产品。

第二章

文献综述

　　品牌理论与原产国理论是研究区域品牌的重要理论来源，因此关于区域品牌印象的文献综述首先要梳理品牌印象、原产国印象等领域的研究脉络，其次对区域品牌的概念、区域品牌印象的概念及测量进行归纳，最后对涉及将区域品牌印象作为外部线索的研究进行回顾，以发现研究缺口。随后本章对与区域品牌印象密切相关的其他四个变量进行了综述，为构建本书理论模型寻求理论支撑。

第一节　区域品牌印象

一　品牌印象的概念与测量

（一）品牌印象的概念

　　品牌印象概念的提出最早可以追溯到 1955 年，Gardner 和 Levy 在一篇堪称经典的文献中进行了阐述。现已成为消费者行为学研究领域中一个非常重要的概念，而后六十余年间，学者们从消费者行为学、认知心理学、传播学等不同角度出发对品牌印象进行了定义。消费者行为学领域较为公认的定义，即品牌印象是消费者对特定品牌的综合感知，是消费者认知、联想、评价的总和，是消费者做出购买决策的重要影响因素（Dobni and Zinkhan，1990）。近期的研究开始关注品牌印象与其他变量共同交互影响消费者产品评价。如研究证明了国家印象和品牌印象协同影响消费者产品评价，而不是二者单独分别影响，国家印象在不同国家存在不同的结构，对产品评价的影响也不同（Koubaa et al.，2015）。品牌印象的影响在不同产品、不同国家及不同品牌上都表现不同。当品牌赋予现有产品类别的产品时，制造国、纵向延伸类型及品牌内涵交互影响品牌印象评价（Allman et al.，2016）。

消费者行为学领域的品牌印象概念根据侧重点不同，归纳起来有以下四类：第一类，侧重品牌联想。认为品牌印象是一组消费者对于品牌联想的组合（Aaker，1991），这种组合是品牌某些属性与联想相联结形成的认知（Biel，1992），与品牌联想相似，是存在于消费者记忆中的品牌联想所映射出的对产品的认知（Keller，1993）。通常是经过考虑的品牌联想的综合反映，或者可作为消费者品牌的有形及无形联想的感知（Engel et al.，1993），也可以被视为一种信念，以联想的方式存在于人的记忆之中，所产生的联想是对产品属性与品牌使用的整合（Peter and Olson，1994）。第二类，侧重消费者记忆，强调消费者认知。认为品牌印象是存在于消费者记忆中的信息，包括经验、口碑、广告、包装、服务等向人们传递出来的信息总和（Randall，1997），是品牌构成要素在人们心里的综合反映，是消费者对产品特征的印象以及对产品的评价（罗子明，2001）。消费者在长期接触某品牌的过程中，形成对该品牌的总体认知，构成了品牌印象，最终会对消费者的购买行为产生重大影响（范秀成和陈洁，2002）。第三类，侧重将品牌印象作为一个整体系统。消费者通过了解产品的物理属性、功能及其与品牌印象相联系的信息选择品牌（Levy and Glick，1973），品牌印象是一个整体概念，可以代表整个产品的所有信息，当某个产品的品牌印象更好的时候，其总体评价、质量感知也更好（Dodds et al.，1991）。一种不可控制的意识集合体构成了品牌印象，该集合体中包含与品牌有关的优缺点、长短处等,这些意识是消费者在长时间与品牌接触的过程中逐渐累积形成的(Perry and Wisnon,2002)。第四类,侧重品牌传播与信念。品牌传播学认为消费者将所接收到的品牌投射信号进行合成,合成后产生品牌印象(Kapferer,1992)。消费者根据品牌属性得出品牌信号组合,因其经验、认知与选择性记忆的效果不同,故对某一品牌合成形成的印象也有所不同(Kotler,2001)。

(二)品牌印象的测量

已有关于品牌印象测量方面的研究,形成了一些具有代表性的理论模型,经过梳理如下文所述。

1. Park 品牌概念—印象管理模型

Park 于 1986 年提出了品牌概念—印象管理模型,该模型虽然并不是严格意义上的品牌印象模型,但是他率先将品牌概念和印象划分为功能性、体验性和象征性三种,对品牌印象测量模型的构建具有重要启示作用,为后续研究奠定了基础。该模型中,品牌概念的功能性概念、体验性概念和象征性概念可以分别满足消费者对品牌的功能性需要、体验性需要和象征性需要,其中在功能性概念中,消费者的需要是外在的;在体验性概念和象征性概念中,消费者的需要是内在的。受此观点启发,有学者构建了完整、系统的象征性品牌印象测量量表,从个人、关系、社会和集体四个维度对其进行测量(崔楠和王长征,2010)。Park 的研究是将品牌概念的管理具体化为品牌印象的管理,进而影响消费者对品牌印象的感知,树立品牌在消费者心中的印象。还有学者结合该模型从功能成分和意义成分两个角度进一步细化了品牌印象测量内容,功能成分包括产品功能、消费者体验和价格性能比;意义成分包括品牌象征意义、广告宣传、市场导向、品牌亲和力和品牌档次(焦璇,2004)。

2. Aaker 品牌印象测量模型

Aaker（1991）在综合前人研究的基础上，提炼出品牌资产的"五星"概念模型，即认为品牌资产是由品牌知名度（Brand Awareness）、品牌认知度（Perceived Brand Quality）、品牌联想度（Brand Association）、品牌忠诚度（Brand Loyalty）和其他品牌专有资产五部分组成。在该模型中，品牌印象被定义为围绕某一品牌组织起来的一系列联想，不同的品牌联想类型分别构成了品牌印象的不同维度。Aaker 又于 1996 年进一步提出了品牌身份模型，在该模型中，他认为品牌身份和品牌印象是同一事物的两个方面，可以通过产品、人性化、企业和符号四个维度来测量品牌印象。产品印象是指产品本身的功能、属性、是否愉悦等，这些是消费者在购买商品时最先关注到的要素，它不仅影响消费者的最终决策，还影响消费者的情绪及对该产品的满意程度；人性化印象是将品牌进行拟人化，可以使品牌印象的内容更加丰富，更容易被消费者所理解和接受，重视在思想上与消费者的沟通；企业印象是该品牌所在企业提供产品的表现，良好的企业印象可以增强企业的声誉，可以为消费者提供保障，从而提高其购买欲望；符号印象是指品牌的外在表现，如商标的图形、颜色、文字等的组合，使消费者更容易记住某一品牌。有学者以上述测量体系为基础，通过对饮料、食品、烟酒类和日化用品等 735 种快速消费品的观测，在中国市场选取具有代表性的行业和城市，最终建立了适用于中国情境下快速消费品品牌印象测量的五维度模型，包括使用者印象、企业印象、产品印象、服务印象和视觉印象（龙成志等，2010）。

3. Keller 品牌印象测量维度

Keller（1993）基于品牌资产理论，认为品牌印象主要是由品牌联想形成。因此可以通过品牌联想的类型（types）、偏好度（favorability）、强度（strength）及独特性（uniqueness）四个维度对其进行测量。品牌联想包括属性方面的联想、利益方面的联想、态度方面的联想。其中，利益方面的联想可分为与功能性利益、象征性利益和体验性利益相关的联想。这一点与 Park 的品牌概念和印象分类基本上是一致的。对于该模型，有学者认为，Keller 没有明确说明关于联想的各个维度间的相互关系，在实证和实践检验方面，模型也显得过于复杂，不利于采用（李小平，2014）。

4. Biel 模型

Biel（1993）构建了测量品牌印象的三维度模型，他认为品牌印象可以通过产品或服务印象、公司印象和使用者印象三个方面进行评价。该模型是基于品牌联想得以发展的，联想分为硬性属性和软性属性，硬性属性是对品牌有形或功能属性的认知，软性属性反映品牌的情感利益。在该模型中，每个维度同样都分为硬性属性和软性属性。其中，产品或服务印象的硬性属性包括价格、性能、技术、服务、产地等，软性属性包括颜色、款式、设计等；使用者印象硬性属性包括年龄、性别、职业、收入、受教育程度等，软性属性包括个性特征、社会阶层、价值观等；公司印象硬性属性包括国籍、历史等，软性属性包括顾客导向、社会公益等。这三个不同的维度对于品牌印象的贡献因产品不同而产生差异。Biel 模型在学术界引起了广泛关注，被许多学者认可，是品牌印象测量模型中具有重要意义的一个，比较系统、全面，能够直观地被使用者掌握，在实证方面也较容易得到证实。很多学者参照 Biel 模型针对不同产品做出修整，开发出适合具体研究对象的品牌印象测量模型（庞磊和阳晓伟，2014）。

5. 范秀成的品牌印象综合测评模型

范秀成（2002）根据 Aaker 提出的品牌识别系统，提出了品牌印象综合测评模型。该模型将品牌印象分为四个维度进行测量，分别为：产品维度、企业维度、人性化维度和符号维度。其中，产品维度的测评指标包括产品类别、产品属性、品质/价值、用途、使用者、生产国共六个指标；企业维度测评指标包括品质、创新能力、对顾客的关注、普及率、成败、全球性与当地化六个指标；人性化维度测评指标主要包括品牌个性和品牌—顾客关系两个指标，可使消费者对品牌印象的认知更加生动和具体，品牌个性又包括纯真、刺激、称职、教养、强壮，品牌—顾客关系包括依赖行为、个人承诺、爱与激情、怀旧、自我、亲近；符号维度的测量指标包括视觉符号、隐喻式图像两个方面，有助于消费者的记忆与联想。该模型是对 Aaker 模型的丰富，并且模型中的关键维度和 Biel 模型也有异曲同工之处。

6. 罗子明的品牌印象测量维度

罗子明（2001）探讨了品牌印象的构成与测量，他认为品牌印象具有多维组合性、复杂多样性、相对稳定性、可塑性、易碎性的特征。其中，多维组合性强调品牌印象是由多种特性组成的，单维或仅两三个题项难以全面测量品牌的整体印象。学者们从不同角度出发，对品牌印象构成进行了深入研究，因此关于品牌印象构成的观点存在较多版本。罗子明在研究中试图对品牌印象的构成进行标准化，统一学界观点，最终提出了共包括五个方面的指标体系，即品牌认知（包括未提示知名度、提示知名度、认知渠道或媒体、广告认知度、广告美誉度）、产品属性认知（包括品质认知、档次认知、功能认知、特色认知）、品牌联想（包括词语联想、档次联想、美誉度联想、理想使用者、理想印象、品质联想、功能联想、消费缺憾）、品牌价值（包括价格评价、价格需求曲线、价值评价）和品牌忠诚（包括使用率、购买意愿、满意度、忠诚比率、推荐比率、购买环境）。同时，他认为可以用定性和定量两个方式对品牌印象进行测量。

综上所述，品牌印象的研究成果已经较为成熟，以上研究结论均可作为本书对区域品牌印象进行测量的参考依据。参考维度构成与测量题项时，不仅要考虑区域品牌具备普通品牌所有的属性，还要考虑其具有公共品牌的属性，应同时借鉴原产国印象、区域印象等方面的研究。

二　原产国印象的概念与测量

(一) 原产国印象的概念

Schooler (1965) 最早在实证研究中提出了原产国概念 (Country of Origin，COO)。随着经济的发展和全球经济一体化进程的加快，原产国概念从单一的形式发展成为多层面的构念，具体可以区分为"产品制造国 (COM)""产品设计国 (COD)""产品组装国 (COA)""产品生产国 (COP)"等层面 (Papadopoulous，1993；Insch，McBride，1998)。因此，原产国的概念既包括产地制造地，也包括产品的设计地、组装地、关键部件来源地和品牌联系地等 (田圣炳，2008)。原产国印象概念被区分为国家和产品两个层次，国家层次是指消费者对某国所有信念的总和，产品层次是指消费者对该国具体品牌或产品的印象 (Kleppe，2002)。学者们对原产国印象概念的研究观点可归纳为如下三个类别。

第一类，注重产品因素。Nagashima (1970) 对原产国印象 (Country of Origin Image，COI) 进行了研究，最早提出原产国印象的概念。他将原产国印象与价格、可靠性、技术、声誉等产品特征相联系，认为原产国印象是消费者或者企业家对某个国家的产品印象、知名度的固有观念，这种印象由具有代表性的产品、国家特征、政治和经济背景、历史、传统等因素构成。该阶段的研究重视产品因素在原产国印象中的作用，将原产国印象与该国产品提供的内涵相结合 (Narayana，1981)。

第二类，注重消费者认知。研究发现原产国印象与消费者的认知有关，是消费者对产自某一国家的产品质量的总体性认知（Bilkey and Nes，1982）。这种总体性认知来自每个具体产品属性，综合形成消费者对该国的偏好程度以做出最终购买决策（Nebenzahl，2003）。因此，对原产国印象的认知影响消费者的购买决策，其载体既可以是同一产地产品，也可以是不同产地产品（田圣炳，2008），均注重消费者的主观感受或认知。还有学者在定义原产国印象时，增加了民众因素，认为原产国印象是消费者对该国产品及民众的认知、情感和异动反应，并强调这种认知是基于消费者以前形成的关于该国生产力和市场策略优劣的意识（Roth and Romeo，1992）。

第三类，注重消费者主观性。认为原产国印象是消费者对某国所有知觉的主观评价（Lantz and Loeb，1996），是目标市场消费者对产品及服务的原产国的内在印象（Jaffe，2001）。消费者购买不同国家制造或提供的产品或服务时，对其相对品质形成主观看法（Bilkey，1993），这种主观看法是消费者的一种整体性态度，受一些具有代表性的因素影响（盛志勇，2013）。

从上述简要的归纳中可以看出，原产国印象已经是一个较为成熟的概念，学者们倾向于从产品角度、认知角度及主观性角度对原产国印象进行定义。本书倾向于从认知角度界定原产国印象，将其视为消费者感知到的所有有关该国信息的总和，是一个整体性的概念，影响消费者购买行为。

（二）原产国印象的测量

随着对原产国印象研究的深入，为了进一步证实原产国效应的存在，学者们开始开发能够测量原产国印象的指标与量表，并力求使这些指标与量表具有普遍适用性。由于研究侧重点不同，原产国印象具体测量指标未形成一致观点。大多数学者都从原产国印象构成要素角度切入，开发测量量表，Han（1988）较早提出了测量原产国印象的 5 项主要指标，分别为技术水平、知名度、工艺水平、价格和适用性。此后有学者从创新性、设计力、尊贵性和工艺性四个方面测量（Roth and Romeo，1992），也有从自然、文化、经济发展水平和科技管理水平四个方面测量（吴坚和符国群，2000）。

Parameswaran 和 Pisharodi（1994）提出应从总体国家属性、总体产品属性及特定产品属性三个构面测量原产国印象，同时设计了40 项测量指标。该观点得到了较多学者的认可（袁胜军和符国群，2012），但由于其测量指标较多，学者们应用该测量体系时，沿用了其对原产国印象构成维度的划分，精简了测量指标。李东进和周荣海（2007）进一步延伸了该观点，将原产国民众印象引入其中，从整体国家属性、整体民众属性、整体产品属性三个构面对原产国印象进行衡量，并开发出了相应的衡量指标体系。还有学者将原产国印象分为国家层面、国家—产品层面和产品层面三个层面，从宏观到微观的视角进行测量（Roth and Diamantopoulos，2009）。

Martin 和 Eroglu（1993）从心理测量角度出发，从政治、经济和科技三个方面构建了用于衡量原产国印象的指标体系。其中，政治因素包括五个方面，分别为民主/独裁、资本主义/共产主义、民主政体/军人专政、倾向西方/倾向社会主义以及自由经济/计划经济体制；经济因素包括生活水平、经济稳定、产品质量、社会福利以及劳动成本五个方面；科技因素包括工业化程度、受教育程度、科研水平及医疗四个方面。有学者将上述三方面涉及的所有因素重新归类，从政治、经济、技术、环境管理、环境状况、国民素质、两国关系、自然吸引物、文化吸引物、旅游设施和旅游体验 11 个维度测量原产国印象，并将前 7 项划归为宏观测量指标，后 4 项划归为微观测量指标（雷宇等，2015）。

从原产国印象测量方面的研究成果来看，目前已经形成了较为成熟的测量量表。原产国印象不同于单个的品牌印象，承载了国家印象、民众印象等宏观因素，具有公共属性。其构成维度可以作为区域品牌印象构成的理论依据，其量表可以作为区域品牌印象量表的题项来源。

三 区域品牌概念的界定

根据对国外该领域大量文献的研究，区域品牌（Regional-industrial Brand）泛指以地理区域命名的公共品牌统称，涵盖国家品牌（Country/Nation Branding）、城市品牌（City Branding）、地区品牌（Regional Branding）、目的地品牌（Destination Branding）、地理品牌（Geo-Branding）、集群品牌（Cluster Branding）等多种类型区域品牌。对国内文献的梳理发现存在区域品牌、集群品牌、区位品牌、地理品牌、目的地品牌等多种称谓，国内学界所采用的区域品牌术语可归纳为五类十余种，就采用频率而言，无论是理论文献还是政府术语，以"区域品牌"一词采用率最高（吴传清等，2008）。因此，本书采用"Regional-industrial Brand"和"区域品牌"这两种表述方式。

Keller（1998）在其经典著作《战略品牌管理》中提出区域和产品一样，可以品牌化。此后，关于区域品牌化的研究不断涌现。区域品牌的诞生，源于消费者在接触某一品牌时，自然而然地联想到了一个地区（Hankinson，2001；Killingbeck and Trueman，2002）。有关区域品牌的定义，由于研究范围边界存在差别，在学术界尚未形成统一的看法。经过梳理，发现现有研究主要从产业集群、地方名特产品、独立区域或行政区域三个角度定义区域品牌（孙丽辉，2008）。

一部分研究以在产业集群基础之上形成的区域品牌为研究对象，认为区域品牌是指某地域的公司品牌集体行为的综合体现（夏曾玉和谢健，2003），是区域内强势企业及其品牌的商誉总和，包含区域性和品牌效应两个要素，这些强势企业在规模、制造能力、市场占有率和影响力上均具有优势（熊爱华，2007）。也有学者称其为集群品牌，即产业集群内部聚集了大量具有互补或者竞争关系的企业，它们以集群为支撑，围绕同一产业进行生产，在消费者心目中形成具有较高影响力的区域公共品牌（沈鹏熠和郭克锋，2008）。该研究角度强调产业集群是形成区域品牌的先决条件，只有聚集了大量从事同一产业产品生产的企业，企业均有创立品牌的意愿，形成品牌簇群，才有可能形成区域品牌。

另一部分研究以具有较高知名度的地方名特产品为研究对象，认为区域品牌是根植于传统产业形成的具有较高知名度和商业价值的品牌，承载了悠久的历史文化，以地方名特产品为表现形式（董冰冰和王水嫩，2005）。产地地理环境的制约或生产者在一定地理范围内的集中，使人们习惯于用"地名＋产品名"的方式命名这类产品，也有学者称其为地理品牌（牛永革，2014）或农产品区域品牌（张光辉和黄桂花，2013）。该研究角度强调区域品牌与区域内特有的自然资源或手工艺传承密不可分，对区域特有资源的依赖性非常强，产品的质量、信誉与区域内自然因素或人文因素关系密切。

还有一部分研究以国家、城市或某个地理区域、行政区划为研究对象，认为地区也可以品牌化，是广义的区域品牌。认为区域品牌是区域给消费者带来的独特吸引力（Rainisto，2003），是消费者脑海中形成的独特联想的组合，它包括功能情感关系和战略要素，是一个多维的组合（Kavaratzis，2005）。由于行政区划地理范围的差别，该研究角度的区域品牌涵盖国家、省、市、城镇甚至社区，相应地被称为国家品牌、城市品牌、区位品牌等（蒋廉雄等，2005）。

以上三个研究视角基本涵盖了区域品牌的所有研究分支，如前文第一章第三节所述，本书关注的区域品牌是指某区域以大量企业规模化生产某产品而形成产值较高、市场占有率较大的产业，进而在消费者心目中形成具有较高知名度与美誉度的公共品牌。在产业集群基础之上形成的区域品牌和根植于区域特有资源形成的区域品牌均是本书关注的对象。同时，应从区域和品牌两个层面来理解区域品牌，它不仅具有一般品牌的属性，还是由区域内优势产品的知名度和美誉度共同形成的一种综合性品牌，它的构成应包括区域特征、品牌内涵和产业基础三个要素（王哲，2007）。

四　区域品牌印象的概念与测量

（一）区域印象的概念与测量

认为区域（地区）也可以像产品或服务一样品牌化的学者，对区域印象（地区印象）的概念与测量进行了深入研究。由于研究对象在行政区划范围上具有差别，因此该领域研究均以原产国印象理论为基础，验证了不仅不同国家的印象存在差异性，而且同一国家内部不同地区的印象也存在差异性（李东进等，2007）。从心理认知角度来看，区域印象是一种心智产品，是消费者对区域的总体信仰和印象、对区域联想和信息的缩影（Kotle，2002）。这种总体信仰和印象，是通过消费者与区域各种印象资源直接或间接接触形成的综合心理感知（谢弦，2008）。这个高度抽象的系统化概念，涵盖了一个区域的自然、政治、经济、科技、文化等要素的综合运行状态在人们心目中的反应强度及其外化，具有综合性、无形性、区域性和动态性四大特点（曾建明，2010）。

部分研究从资源角度出发研究区域印象的构成。认为区域印象资源具体包含区域的发展规模、水平、质量和模式等内容（殷延，2003），反映区域的综合实力，可以分为自然禀赋印象、产品印象、可持续发展印象与社会公信印象四方面（成荣敏，2012）。蒋廉雄等（2006）认为仅从独特性、美誉度、优势和著名度来定义区域印象并没有表达出其概念的普遍化属性，他们根据 Keller（2003）对品牌印象的定义在北京、上海、广州、深圳 4 个城市采用焦点小组座谈会的方式，得出了区域印象的概念属性可归纳为自然风貌、建设风貌、人文风貌、行业/产品品牌、科技发展、制度环境、机构和人员 7 类联想。这部分研究从区域资源角度出发，制定了详细的指标体系，较为客观地反映了区域印象所包含的资源要素。

还有研究认为区域之所以知名，是因为区域内生产的产品或提供的服务。因此，部分学者将产品要素引入区域印象的测量体系。李东进等（2010）依据原产国印象的测量指标，提出了地区印象的衡量包含三方面：整体地区印象、整体民众印象和整体产品印象。杨海龙和徐汉良（2016）在研究区域印象对特色农产品品牌购买意愿的影响时，将区域印象划分为两个维度，分别是资源和禀赋印象、人文与产品印象。由于区域印象的公共属性，其概念界定、构成维度以及测量题项均是区域品牌印象研究领域的重要理论来源。

（二）区域品牌印象的概念

目前对区域品牌印象进行概念界定的研究较少，同时受研究对象的影响，现有概念界定也尚未统一。经济学视角下，区域品牌印象是指一个经济区域在一定时期内所拥有或控制的，关系该区域生存和发展的整体实力在外部市场的反映，是各种能力的综合反映（贺晓龄，2008）。地理品牌视角下，区域品牌印象是消费者在记忆中对地理品牌公共属性联想的感知（牛永革，2014）。集群品牌视角下，区域品牌印象是区域内外公众心智中对某一区域的各种资源产生一系列联想和感知所形成的总体印象（孙丽辉等，2015）。还有学者以具体产品为例，提出红酒区域品牌印象应该包括该地区酒厂及其地理分布、红酒本身质量、葡萄酒园、地区民众、自然景观、区域内遗址等要素（Bruwer，2004）。

由于在产业集群基础之上形成的区域品牌和根植于区域特有资源形成的区域品牌均是本书关注的对象，因此区域品牌印象不仅应具有一般品牌印象的属性，还应包含区域印象、产业印象等公共属性。基于上述分析，本书将区域品牌印象定义为消费者对区域品牌本身及其公共属性综合的感知，这种感知通常来自消费者对产品所在地区、地区内民众、产品所处产业、产业内企业及产品本身等信息的联想加工。

（三）区域品牌印象的测量

区域品牌印象由区域印象和品牌印象两部分构成（王哲，2007），因此，其测量指标一方面可以从国家印象、省域印象、地区印象等方面进行提炼，另一方面从品牌印象等方面进行归纳，同时兼顾区域品牌的公共属性与产业特性。然而目前已有的测量量表尚不成熟，并且不能够全面地测量区域品牌印象所有维度，详见表2-1。

表2-1　　　　　　　　　　**区域品牌印象的测量**

学者（年份）	维度观点（测项）
葛敬豪（2005）	区域环境、区域行为和区域精神
王哲（2007）	整体地区印象、民众印象、企业印象和产品印象
李东进等（2007） 李东进等（2010） 盛志勇（2013）	整体地区印象、整体民众印象和整体产品印象
杨杰（2008）	政府治理印象（政策透明、行政规范、政府高效、政府廉洁、法制健全、基础完善、贸易便利、对外开放）、自然禀赋印象（气候宜人、环境优美、区位优、资源丰富）和人口素养印象（对外友善、讲礼仪、民众勤劳）

续表

学者（年份）	维度观点（测项）
许基南和李建军（2010）	区域印象（自然环境、气温条件、降水条件等）、产品印象（品种、生成过程、质量安全等）、消费者印象（崇尚绿色、崇尚环保、追求个性等）和产销企业印象（研发能力、包装保鲜技术、组织制度等）
陈辉辉等（2011）	政府印象、市民印象、经济发展、科学教育印象、城市景观和其他
成荣敏（2012）	政府治理、自然禀赋和人口素质
宁冉（2013）	自然环境因素、经济因素、人文文化因素和营销因素
梁海红（2013）	区域产业印象（资源稀缺性、区域软环境、区域硬环境和市场表现）和产品印象（价格、包装、产品种类和产品质量）
牛永革（2014）	共享性（地方特色、产品指向、工艺传统性）和发展性（技术创新的速度、关心消费者利益、生命活力和整体印象）
董晓燕（2015）	地域印象、产品印象、企业印象和消费者需求

资料来源：本书笔者整理。

梳理发现，目前区域品牌印象的测量，有的学者直接使用或延伸了原产国印象的测量维度，有的直接使用或延伸了品牌印象的测量量表，尚未得到统一。这种直接使用或延伸相近概念量表的方法，其量表虽具有一定的代表性，但对概念测量的贡献率远远不足，都存在测量不全面、不系统的问题。因此，亟须开发一套普适性较强、涵盖所有构成要素的区域品牌印象测量量表。

五　区域品牌印象效应

本书认为区域品牌印象效应是指区域品牌在消费者心智中的总体印象对购买意愿的影响，它的研究以原产国印象效应和品牌印象效应为基础，大多数研究结合具体区域品牌发展历程，宏观地提出塑造印象的对策，停留在描述现象阶段，能够直接借鉴的实证研究成果较少。原产国效应研究结论对验证区域品牌印象效应具有重要意义，学者们普遍认为原产国印象是评价产品质量的一条重要外部线索，对消费者行为会产生重要影响。原产国印象可以被视为一个光环，消费者能够借助光环的作用推断不熟悉的外国品牌（Bilkey and Nes，1982）。更进一步的研究完整地阐述了光环效应，并提出概括效应，当消费者熟悉来自某国的两种或两种以上品牌时，原产国印象就通过概括效应影响消费者，通过其所熟悉的产品品牌信息推断出该原产国印象，进而影响消费者对其他商品的评价（Han，1989）。这只是从静态的角度而非动态的角度来研究原产国印象的作用机制，针对这一点有学者指出，原产国印象的作用机制既可以单独通过光环效应或概括效应产生，也可以同时通过这两种效应影响消费者的产品评价（Jaffe and Nebenzha，2001）。此后，有学者将原产国作用机制的首因效应与品牌效应引入光环效应和概括效应，从动态的角度提出，这四种效应会随着消费者产品熟悉程度的增加而发生变动（田圣炳，2006）。众多学者已经证实，原产国印象影响消费者的产品评价和购买意愿。

品牌印象效应领域的研究成果，同样是区域品牌印象研究的重要支撑。学者们发现良好的品牌印象能够增强消费者的产品质量感知，对消费者产品评价和购买意愿均具有重要影响。当某个产品的品牌印象提升，其总体评价、质量感知也随之提高（Dodds et al.，1991）。品牌印象作为评价产品质量的外在线索，能够形成对产品的质量感知，并且能够涵盖整个产品的所有信息（Richadson et al.，1994）；可以作为信息的提示，消费者以此为线索推论出产品质量并激发其消费行为（Bhat and Reddy，1998）。品牌印象能够使消费者更容易辨识产品、降低购买时的风险（王毅，2010），与感知质量呈正相关关系，品牌印象越具有知名度，消费者对产品的感知质量就越高（Grewal et al.，1998）。

同时，区域印象效应的研究成果也对区域品牌印象效应模型的建立发挥启示作用。一些学者针对中国某一地区的印象对消费者购买行为的影响进行了研究，证实了区域印象效应的存在。当市场对某一区域经济的总体印象一旦形成，这种总体印象会影响消费者对该区域所生产产品的看法，并会最终影响消费者的购买行为（贺晓龄，2008）。该领域研究多数也以原产国效应和品牌效应为理论基础，验证同一国家内部不同地区之间也存在区域印象效应。例如，通过对中韩两国及中国境内上海和沈阳两个城市进行对比，发现中国消费者在评价来自中国和韩国的产品时不会受到原产国效应的影响，但对产自上海和沈阳的产品评价会受到产地效应的影响（李东进等，2006）。产品评价可以进一步被划分为功能性评价和象征性评价，有学者通过对上海和天津两个城市的研究，验证了区域印象对消费者产品评价和购买意愿的影响（李东进等，2010）。

综上所述，区域品牌印象效应的验证，需充分借鉴原产国印象效应、品牌印象效应及区域印象效应研究成果，构建理论模型，并通过实证研究进行验证。

第二节　购买意愿

一　购买意愿的概念界定

意愿（intention），国内学者也有将其翻译为意向，是一个心理学概念，指行为的可能状态，用来预测行为。意愿是个体从事特定行为的可能性，或者是对未来实施特定行为的计划（Sheppard et al.，1988）。Fishbein（1975）将意愿界定为消费者从事某种行为的主观概率，并于2005年进一步验证，购买意愿决定消费者是否采取某种特定行动。购买意愿是意愿的一种，由于其能够被用来预测购买行为，因此成为营销领域中一个非常重要的构念。目前该领域较为公认的购买意愿概念是Dodds等于1991年提出的，认为购买意愿即是消费者实施计划去购买某种产品的可能性。该领域的其他学者也对购买意愿进行了界定，并以不同类别的产品作为研究对象验证了购买意愿与购买行为之间的关系（Mullet and Karson，1985；Armstrong et al.，2000；Morwitz et al.，2007）。实际上，营销领域以消费者购买意愿作为因变量的研究数不胜数，对其概念的界定也有很多表述，究其内涵，均将购买意愿视为消费者受相关因素影响而选择并购买某种产品的可能性。

很多消费者模型被用来预测购买意愿（Yunus and Rashid，2016），其中广泛熟知的理论便是 Fishbein 的合理行为模型（TRA，Theory of Reasoned Action；Fishbein and Ajzen，1980）与 Ajzen 的计划行为理论（TPB，Theory of Planned Behaviour；Ajzen，1991），此外还有感知价值最大化理论和感知风险最小化理论等。

二 购买意愿的测量

关于消费者购买意愿的测量方法，主要有询问方法、Choice-Based 及其改进方法，还有一些利用数据挖掘与人工神经网络先进技术对购买意愿进行测量的方法（荣梅，2013）。询问法主要包括面向消费者直接询问、邀请消费者填答相应测量量表和利用品牌选择矩阵转换量化测量等方法。一些学者认为询问法是消费者对自己未来行为的一种估计，而真正的购买行为还受到很多其他因素的影响，具有不确定性，因此构造了 Choice-Based 模型及引入情感因素后的 Choice-Based 改进模型，对购买意愿进行测量。目前使用较多、较为公认的测量方法还是邀请消费者填答已经设计好的问卷，因为这种方法能够较为便利地获取大量消费者的购买意愿。本书整理了广为使用的购买意愿量表，见表 2 – 2。

表 2 - 2   购买意愿的测量量表

学者（年份）	量表类型	测量量表题项
Dodds 等（1991）	语义差别	①购买该产品的可能性（很高到很低） ②如果我将要买这个产品，我会考虑这个价格（强烈同意到强烈不同意） ③在这个价格水平下，我会考虑购买这个产品（强烈同意到强烈不同意） ④我会考虑购买这个产品的概率（很高到很低） ⑤我购买这个产品的意愿是（很高到很低）
Grewal 等（1998）	李克特 7 级量表	①我会买这辆自行车 ②在此价位我会考虑购买 ③我考虑购买的可能性
Klein 等（1998）	李克特 7 级量表	①购买日本的产品，让我感到有罪恶感 ②我绝不会买日本汽车 ③只要可能，我都会避免购买日货 ④无论什么时候能买到的话，我都尽量购买日本制造产品 ⑤我不喜欢拥有日本产品的想法 ⑥如果两个产品质量相同，一个来自中国、一个来自日本，我愿意多花 10% 的价格购买中国产品
Chen 和 Chang（2008）	李克特 7 级量表	①我还会再购买该产品 ②我愿意向他人推荐该产品
Lim 和 Darley（2009）	语义差别	①有希望/没有希望 ②不可能/可能 ③机会大/小
王海忠等（2007）	李克特 7 级量表	①自己会考虑购买 ②会推荐朋友购买
李东进等（2009）	李克特 7 级量表	①下次为自己购买手机时，购买 A 品牌手机 ②下次为自己购买手机时，首先考虑购买 A 品牌手机

续表

学者（年份）	量表类型	测量量表题项
荣梅（2013）	李克特 5 级量表	①我会优先考虑购买该品牌汽车 ②我购买该品牌的可能性比较大 ③我愿意购买该品牌汽车 ④我会将该产品和品牌推荐给他人
王子言（2015）	李克特 5 级量表	①下次我购买手机的话，我可能购买这个品牌 ②这个品牌是我的首选 ③我愿意购买该品牌的手机 ④我会将该品牌推荐给他人

资料来源：本书笔者整理。

三　消费者购买意愿的影响因素

影响消费者购买意愿的因素复杂且多样，导致发生在购买决策环节的消费者行为复杂多变。经梳理，学者们为探究购买决策的动因，从产品内部因素、产品外部因素、消费者自身等不同角度对消费者购买意愿的影响因素进行了研究。

（一）产品内在影响因素

产品内在影响因素主要是指产品本身具有的属性，比如产品的质量、功效、安全性、可靠性等。有的学者以零售业为研究对象，验证了消费者对产品属性的认知、判断与购买意愿之间呈正相关关系，购买行为主要依赖于产品的属性与性能（Babin，1995）。还有研究指出产品的款式、功能等内部线索通过消费者品牌忠诚度对购买意愿产生影响（陈高貌和刘启丞，2012）。由于这些属性基本不会随外力所改变，因此学界与业界证实了其对购买意愿的影响，却更关注那些可以通过企业行为而影响的产品外在因素与消费者因素。

（二）产品外在影响因素

产品外在影响因素主要是与内在影响因素相对而言，指与产品自身属性无关的因素，比如产品的价格、口碑、评论、品牌印象、产品原产国印象等。研究表明，知名度较高的品牌不仅能够使消费者购买该品牌的自信心和满意度得到提升，缩短做出购买决策的时间（Park and Lessig，1981），还能影响消费者的广告态度、信息搜索、产品偏好和购买意愿（Marks and Olson，1991）。更进一步的研究构建了感知价值模型，通过实验设计验证了不同价格、品牌名与商店名对产品质量和价值感知、购买意愿的影响存在差异性（Dodds，1991）。此外，消费者对特定品牌的满意度得到提升时，购买意愿会明显增强，向他人积极推荐的意愿也会增强（Low and Lamb，2002）。

（三）消费者因素

消费者因素主要是指消费者的人口统计特征与心理因素等，比如消费者的性别、产品知识、情绪、感知等。行为控制认知不仅影响行为意愿，也影响行为（Ajzen，1985），研究发现消费者感知到正向的价值时，会产生积极的购买意愿（Monroe and Krishnan，1985）。文化因素（认知、学习）、社会因素（家庭、职业、地位）、心理因素（态度、信仰）、个人因素（年龄、性别）等都会影响消费者的购买意愿，其中个人因素会对购买行为产生最直接的影响（Kotler，1994）。具体而言，男性在进行决策时更容易受态度影响，而女性在决策时更容易受知觉控制行为和主观规范影响（Venkatesh，2000）。还有一些学者将心理学和经济学元素引入购买意愿的研究当中，以消费者感知价值最大化为基础，指出感知价值的构面与购买意愿之间的关系，消费者获得的利得越高，感知价值越大，进而购买意愿越高（Zeithaml，1988）。感知价值可以进一步被分为功能价值、情感价值和社会价值，这三个方面对消费者购买意愿的影响具有差异性（荣梅，2013）。

四 相关变量与购买意愿

本书关注的区域品牌印象是影响购买意愿的产品外在影响因素之一，很多学者从原产国印象、国家印象和地区印象角度对消费者购买意愿的影响进行了研究，结果表明，上述外部因素均会直接或间接地对购买意愿产生影响，其中间接影响通常是通过消费者品牌态度、产品信任、产品评价、感知风险等中介变量产生作用。

国家印象对消费者购买意愿通常不产生直接影响，而是通过消费者品牌态度或品牌信任间接影响购买意愿，且不受产品涉入度高低的影响（陈俊郎，2001；陈丰富，2004）。消费者感知到良好的国家印象有助于形成积极的品牌偏好，从而影响购买意愿（王子言，2015）。有学者以中国消费者为调查对象，以美、德、韩、日四个国家的国家印象为研究对象，研究结果发现国家印象与购买意愿之间无显著相关关系，品牌态度和主观规范在二者之间起完全中介作用（李东进和周荣海，2007）。更进一步的实证研究指出，国家印象通过产品评价、品牌态度、主观规范影响购买意愿，且对购买意愿不产生直接影响（李东进等，2008）。

其他的一些研究验证了原产国印象、地区印象等外在影响因素对购买意愿既产生直接影响，也通过中介变量产生间接影响。对品牌、价格和原产国进行联合分析的结果表明，原产国印象对消费者产品选择具有一定的影响（符国群，2003）。以北京、上海、广州和重庆四个城市为例，研究发现品牌原产国对消费者品牌信念和购买意愿具有重要影响（王海忠和赵平，2004）。这种影响不仅是直接的（吴坚和符国群，2007），而且还通过产品评价影响购买意愿（Chattalas，2005）。在地区印象研究领域，一些学者通过对天津和上海地区的研究，发现地区印象对消费者购买意愿具有显著性影响（李东进等，2010）。同样地，有研究发现，区域印象是判断产品的外在线索之一，并通过消费者的感知质量和感知风险影响购买意愿（成荣敏，2012）。

综上所述，目前尚未有定量研究针对区域品牌印象与购买意愿之间的关系进行验证，区域品牌印象对购买意愿是否产生直接影响，或是通过其他变量间接影响购买意愿，有待进一步验证。

第三节　消费者产品评价

一　消费者产品评价的构成

产品评价作为营销领域非常重要的变量，学者对其构成要素持有不同观点。第一种观点认为消费者产品评价由感知产品质量、产品提供的感知值、购买意愿构成（Petroshius and Monroe，1987；Dodds et al.，1991）；第二种观点认为消费者产品评价由消费者对产品的产品信念、产品态度、购买行为倾向构成（Marks et al.，1988）；第三种观点认为消费者产品评价由产品质量与购买的可能性（Keller and Aaker，1981）或感知品牌质量与感知价值构成（Grewal et al.，1998）；第四种观点认为消费者产品评价由产品象征性评价与功能性评价构成等（安钟石和吴静芳，2003；李东进等，2008）。总体来看，前三种观点虽然具体构成要素不尽相同，却有相同之处，即都从消费者感知到的产品质量与价值角度出发，将购买意愿视为产品评价的要素之一。第四种观点从消费者感知到的产品功能属性满足感与地位属性满足感出发，适合用来评价具有公共属性的产品。已有研究采用这种方法以滨海新区、浦东新区和深圳特区三个区域为研究对象，探讨了地区印象对消费者产品评价和购买意愿的影响（盛志勇，2013）。本书关注区域品牌印象对购买意愿的影响，宜采用将消费者产品评价划分为产品象征性评价与功能性评价的方法探究区域品牌印象的作用机制。

二 消费者产品评价的测量

对于兼具普通品牌和公共品牌属性的区域品牌而言，目前有很多关于测量消费者对其产品评价的研究。如前所述，学者们对其评价构成要素的观点不同，因此，关于区域品牌产品评价的测量维度观点也存在差异，见表 2 – 3。本书倾向于将消费者的产品评价划分为功能性评价和象征性评价，具体测量题项的选取将在调研设计章节中详述。

表 2 – 3 消费者产品评价的测量

学者（年份）	维度观点（测项）
Nagashima（1970&1977）	价格与价值、服务与技术、广告与声望、设计与风格和消费者身份象征
Garvin（1984） Li 等（2000）	性能、服务能力、信任、耐用、外观设计、一致性、产品特点和感知质量
Dodds 等（1991）	感知质量（产品的可信赖性和工艺）、感知价值（产品质量、可靠性、耐用性、物有所值、划算、好的交易、可接受性和物超所值）和购买意愿（购买的可能性、购买的型号、考虑购买、购买的意向）
Roth（1992）	创新性、设计、声誉和制造工艺
Lefkoff-Hagius 等（1993）	特征属性、功能属性和印象属性
Chao（1993）	设计质量评价（模仿与创新、普通与独特、传统与时尚）和产品质量评价（工艺低劣与工艺精良、不值得信赖与值得信赖、不耐用与耐用和质量差与质量好）
Laroche 等（2005）	功能性（可靠、工艺和质量）和象征性（是否愿意购买、是否感到骄傲和是否觉得产品满足了和我一样的人群）
金立印（2006）	质量、偏好、信赖

学者（年份）	维度观点（测项）
李东进等（2007）	设计质量（模仿的/创新的、普通的/独特的、技术含量低/技术含量高和陈旧的/现代的）和组装质量（粗糙的制造工艺/上乘的制造工艺、不可靠的/可靠的、不耐用的/耐用的、低质量的/高质量的和不易维护运行的/易于维护运行的）
张玲玉等（2007）	物质功能（技术功能、环境功能和实用功能）和精神功能（审美功能、象征功能和教育功能）
安钟石和吴静芳（2003） 李东进等（2008） 李东进等（2010）	象征性评价和功能性评价
刘英（2014）	企业产品质量、产品吸引力和产品可靠性

资料来源：本书笔者整理。

三 消费者产品评价的影响因素

消费者依赖于多方面线索对产品进行评价，学者们从不同角度研究消费者产品评价的影响因素，感知价值、品牌、价格、质量、原产国印象等因素都是评价产品的重要信息线索（Lee and Lou，1995）。

（一）产品价值与价格

价值是消费者对于其收获与付出之间的一种均衡的评价（Grewal，1998）。价格线索能够暗示出产品的质量，价格越高，消费者的产品评价越高（Johansson，1985）。而实际上价格与质量仅是消费者产品评估的指标之一，并非所有的消费者都喜欢选择价格最贵或质量最好的产品，当消费者没有足够的预算或不愿意花钱购买时，最好最贵的产品对消费者而言不一定能产生相同的认知价值。换言之，消费者评估产品时，对产品的认知价值才是真正起作用的影响因素（Olshavsky，1985）。

（二）消费者人口统计特征

许多学者通过实证研究验证了消费者人口统计变量是影响消费

者对产品评价各异的重要因素。研究发现消费者年龄、教育程度、
种族、职业地位、性别、收入水平、居住地、国籍等人口统计变量
都在不同程度上与消费者的产品评价存在关系（Schooler，1971；
Osgoed，Suci，Tannenbaum，1957；Wall，Heslop，1986；王毅，
2010）。

（三）产品品牌

品牌是消费者进行产品评价的一个外在线索，消费者在购买产
品时，会根据品牌判断产品质量并决定是否购买（Dodds，et al.，
1991）。公司品牌是消费者拥有的重要品牌知识，现有公司品牌对
消费者评价影响的研究可分为两个阶段：第一个阶段是将消费者对
公司的各类感知和看法视为一个整体，研究公司声誉和产品属性之
间的关系。如在广告领域，公司声誉会对产品广告效果起到积极的
作用，当公司具有良好的声誉时，可以促使消费者相信广告词中所
强调的产品属性（Hartwick，1990）；良好的公司声誉有利于降低消
费者对产品的感知风险，能够减小产品缺陷危机的不利影响，即一
个具有良好声誉的公司，即便产品存在缺陷，这方面的危机也不会
在很大程度上影响消费者的购买意愿（Siomkos and Kurzbard，
1994）。第二个阶段是研究公司品牌维度和产品评价之间的关系，
是该领域研究的一项重大突破。具有标志性意义的一项研究成果系
统地实证研究了公司品牌对消费者产品评价的影响，通过研究公司
品牌的结构维度发现公司品牌有两个稳定的结构维度，即公司能力
（Corporate Ability）和公司社会责任（Corporate Social Responsibili-
ty），并且不同维度对产品评价具有不同的影响作用，公司能力维
度的影响要大于公司社会责任维度（Brown and Dacin，1997）。

（四）企业印象

有学者将企业印象划分为三个维度，分别是创新性、可信度和
社会责任，同时验证了这三个维度对消费者产品评价的影响

（Grhan-Canli and Batra，2004）。结果表明，企业印象对产品评价的影响受到感知风险的调节作用，感知风险较高时，与企业创新性和可信度维度相关的信息比与企业社会责任相关的信息对产品评价影响更大。还有研究指出，企业认同感可以增加消费者的忠诚度，使消费者积极向其他消费者推荐该企业，并乐于传播对企业有利的信息（Bhattracharya and Sankar，2003）。中国消费者偏向从公司层次的线索进行产品评价，因此研究中国消费者对区域品牌产品评价的影响因素时，企业印象是一个重要前因变量（范秀成，2002）。一项实证研究发现，如果消费者认同某企业，那么其对该企业的产品就具有较高的评价，并且更愿意向他人传播有利于该企业的信息，对于该企业不利的信息，则会进行回避和抵触，企业声誉、企业信任、企业知名度和企业社会责任对企业认同感具有正面影响效应，消费者企业认同感对产品评价具有正向影响，消费者对其认同的企业生产的产品更加信赖并具有较高的评价（金立印，2006）。

（五）原产国印象

原产国印象是影响消费者产品评价的重要外部线索之一，最早期的研究通过实证方法，发现危地马拉消费者对于来自不同国家的产品存在不同的评价，产生这种偏见的原因是由消费者对这些国家的不同总体认知引起的，指出来自经济发达国家的产品比来自经济不发达国家的产品更加受欢迎（Schooler，1965）。自此以后，大量的学者关注并验证原产国印象对消费者产品评价的影响，并发现原产国印象对消费者产品质量评价上比品牌名称影响更大一些（Han and Terpstra，1988）。一些研究证实当消费者缺乏购买经验时，他们在面对外国产品时会根据产品或国家的刻板印象来评价该产品（Janda and Rao，1997）。如相对于发展中国家而言，发达国家给人的印象较好，好的国家印象会对消费者的产品评价产生有利的影响，相反，负面的国家印象则会使消费者对该国的产品评价产生不利的影响（Lee et al.，2001）。随着对原产国效应研究不断深入，出现了品牌来源国、产品制造国、产品设计国、产品装配国等多种概念，学者们通过研究发现，这些线索都会对消费者的产品质量和产品价值评价产生重要影响（Tse and Gorn，1993；Iyer and Kalita，1997）。甚至有学者发现，品牌与原产国的一致性对消费者感知质量进行产品评价的积极作用大于单独品牌或原产国的效应（Huabl and Elrod，1999）。当原产国印象的情感构面大于认知构面时，原产国印象对产品评价的影响大于对产品信念的影响（Laroche et al.，2005）。

（六）产品属性

有学者提出产品属性信息分为两类：一类是外生的信息（Extrinsic Cues），例如上述所提到的价值、原产国等，是评价产品时考虑的外在线索；另一类是内生本质的信息（Intrinsic Cues），包括产品设计、功能等，它是产品评价的内在线索，对消费者的质量感知和产品评价同样具有重要作用（Bilkey and Nes，1982）。当不熟悉某种产品时，消费者会根据更熟悉的某一产品的印象来推断该产品质量（Etzel and Walker，1974）。如果内在属性是调查属性而非消费之后才能评价的属性时，内在属性尤为重要，而如若对产品属性的评价需要耗费消费者大量的时间和精力时，内在属性则没有外在属性重要（Zeithaml，1988）。有利的产品属性会对产品评价产生积极影响，不利的产品属性会使消费者做出消极的产品评价（Hong and Wyer，1989）。新手和具有专业知识的消费者在根据产品属性进行产品评价时存在差异（Maheswaran，1994），对于新手来说，不论提供的产品属性信息是模糊还是清楚的，都倾向于从原产国角度评价产品，而具有专业知识的消费者则只有在被提供的产品属性信息较为模糊时才会利用原产国信息。产生这种差异的原因是两者在处理和加工信息时的方式不同，新手通过刻板印象来推断并解释属性信息，而具有专业知识的消费者则会选择性地加工和回忆产品属性信息。消费者产品评价还会受到产品多种属性相互作用的影响，当消费者缺乏具体的产品属性信息时，会根据多种线索对产品质量形成评价（Kardes，2004）。消费者对产品进行评价时，通常不是对产品整体进行评估，而是评价自己关心的属性（景奉杰、余樱，2014）。由此可以看出，消费者会依据多重线索对产品进行评价。

消费者产品评价受到很多因素的影响，本书仅梳理了与消费者对区域品牌产品进行评价涉及的相关因素。此外，消费者爱国心、民族情感等心理学变量也会影响产品评价。

第四节　涉入度

一　涉入理论

涉入理论（Involvement Theory）起源于社会判断理论（Social Judgment Theory），最早可以追溯到1947年，由美国学者Sherif和Cantril提出涉入概念，将其概括为用以测量消费者因为地位或角色因素而对于说服（或相反意见）的态度，即个体受自身条件的影响而对相反意见所表现出的态度，是一个人对不同意见表现出不同态度的先决条件。这个概念一经提出，在行为心理学研究领域中得到了广泛使用，但并未即刻引起营销学界的关注，直到Krugman在1965年首次将涉入概念引入营销领域，探讨涉入度与电视广告效果之间的关系。他指出低涉入度概念不仅对广告业有很大的影响，对营销领域研究消费者行为理论同样有很大的影响。此后，涉入度的研究逐渐成为研究消费者行为的热点问题，涉入概念得到了广泛应用，在旅游、绿色消费等领域都展开了深入研究。

二　涉入度概念的界定与分类

很多学者将涉入理论应用到各自研究领域，如社会学、心理学等，因此涉入度的定义由于应用研究的视角不同，定义的角度也不尽相同，尚未形成一致的描述。本书整理了近50年来具有一定代表性的涉入度定义，如表2-4所示。在营销学界获得比较广泛认可的定义是Zaichkowsky于1986年提出的，认为涉入度是消费者依据自身需求、价值观和兴趣而对产品所感觉到的相关程度，个人因素、产品因素和情境因素是影响涉入度来源的三个维度。还有一些学者基于上述研究成果拓展创新，结合不同研究对象，逐渐丰富了涉入理论在营销领域的应用。

表2-4　　　　　　　　　　　　涉入度概念研究整理

序号	学者（年份）	定义
1	Krugman（1966）	个体时刻都有意识地将个人经验与参照对象放在一起对比，在对比过程中所产生的差异就是涉入度
2	Hupfer 和 Gardner（1971）	在没有特定偏好、立场的情形下，个体对所遇问题的兴趣及关注程度
3	Lastovicka 和 Gardner（1978）	涉入度主要由对于消费者的重要价值和消费者对产品的忠诚度两个部分组成
4	Laroche 等（2010）	涉入度指个体被特殊刺激所引发的兴趣，这种兴趣或大或小，由强度和方向两个维度构成
5	Cohen（1983）	涉入度是一种属于消费者心理范畴内的活动力，是消费者对某一产品所投注与重视的程度
6	Batra 和 Ray（1983）	信息诱发的认知反应的宽度与深度（沟通与广告环境下）
7	Antil（1983）	特定情形条件下，个人经受某种刺激之后，所感知的重要性和兴趣程度

续表

序号	学者（年份）	定义
8	Zaichkowsky（1985）	涉入度是个人基于自身需求、价值观和兴趣，而对于某些事物所感觉到的相关程度或紧密程度
9	Park 和 Young（1986）	消费者在选购产品时，购买决策重要性与个人之间的关系
10	Laczniak 和 Muehling（1993）	广告涉入度是指由某一广告或情境所诱发的消费者的动机状态
11	Andrews 等（1990）	涉入度定义为一种个人内在的激起状态，是消费者因对某一产品类别产生想法、感受和行为反应而形成的一种持续承诺
12	Swinyard（1993）	与个体的相关程度，对消费者接收、处理信息产生直接影响
13	Martin（1998）	事物和个体的内在关系，用来预测购买行为
14	Hsu 和 Lee（2003）	消费者涉入度是指消费者在购买商品过程中付出的努力程度
15	Josiam 等（2005）	涉入度是一种连续的、变化的心理活动
16	Lim（2010）	认为信息涉入度是指消费者对感知到的产品信息的注意、理解和精细加工的程度，当信息涉入度高时，消费者会比较理性、客观地对待信息本身
17	Matthes 等（2014）	认为涉入度是一个人基于利益、目标和需求而与感知对象的相关性，在消费者购买决策中起关键作用，不同的涉入目标和过程导致不同的反应

资料来源：本书笔者整理。

由于分类的依据不同，涉入度在营销学领域的研究中存在多种分类结果。受到多数学者广泛认可的分类主要有两种，如表 2 - 5 所示。尽管学者们将涉入度的研究应用到不同领域，但在实际的理论构建过程中都认可将涉入程度按照高、低两种状态进行比较，即高涉入度和低涉入度。研究消费者购买行为时，高涉入度的产品一般指价格较高、购买频率较低的产品，如家电、汽车等。低涉入度的产品一般指价格较低、购买频率较高的产品，消费者对购买风险不太在意，如牛奶、卫生纸等。

表 2 – 5　　　　　　　　　　涉入度的分类

序号	分类依据	学者（年份）	分类结果
1	涉入对象	Zaichkowsky（1985） Warrington 和 Shim（2000）	产品涉入（Product Involvement）、广告涉入（Advertisement Involvement）和购买决策涉入（Purchase Decision Involvement）
2	涉入的本质和来源	Houston 和 Rothschild（1977） Bloch 和 Richins（1983） Richins 和 Bloch（1986） Sirgy 等（2000） Chebat 等（2009）	情境涉入（Situational Involvement）、持久涉入（Enduring Involvement）和反应涉入（感觉涉入）（Response Involvement）

资料来源：本书笔者整理。

三　涉入度的测量

涉入理论形成至今历时 70 年左右，目前涉入度已经成为一个在营销领域广泛使用的变量。关于消费者涉入度测量方面的研究业已较为成熟，主要呈现为两大测量体系，分别是个人涉入度量表（Personal Involvement Inventory, PII；Zaichkowsky, 1985）与消费者涉入轮廓量表（Consumer Involvement Profile, CIP；Laurent and Kapferer, 1985）。这两个测量体系最根本的区别就在于是否将涉入度视为一个构念，PII 测量体系认为涉入度可以直接测量，是一个单维变量；CIP 测量体系则认为涉入度是一个构念，不可以直接测量。

消费者涉入度量表（PII），因其设计的维度全面、完整，尤其是经大量的实证研究检验显示其信度和效度可靠，能够在很高程度上预测与涉入度相关的消费者行为，因此被学术界广泛应用。PII 为单维度量表，它所衡量的对象可以是广告、产品或购买决策，包含从重要到不重要、从不关心到关心等共 20 个题项。经过近 10 年的研究深入，Zaichkowsky（1994）又在另外一个研究中将 PII 精简为 10 个题项，并证明了将 20 个题项减半并不会显著降低其可靠性。精简后的 PII 得到了更为广泛的使用，许多学者将其由语义差别式改良为李克特 5 级量表式（银成钺和于洪彦，2008）进行测试，有效规避了其题目不明确及不易填答的缺点。

消费者涉入轮廓量表（CIP），其前提是涉入度作为一个理论构念，不能够直接进行测量。CIP 开发学者在回顾了大量文献的基础之上，对家庭主妇分别进行了三次深度访谈，经过数据分析与提炼，提出涉入度可以从五个维度进行测量，分别是产品感知重要性、风险感知重要性、感知风险可能性、感知信号价值及感知愉悦价值。CIP 是由一系列子量表构成，每个子量表都是测量涉入程度原因变量的工具（冷雄辉，2012）。该量表的缺点是混淆了产品涉入程度的原因、状态和结果，无法反映消费者对产品的持久性重视程度（郭晓凌，2007）。

一些学者受到了 CIP 的启发，发现 PII 中未包含感知风险可能性维度和感知信号价值维度所涉及的题项，试图对 PII 进行修正。为使增加内容后的量表更加协调，并保持原量表测量内容的连续性，他们通过定量分析重新确定了修正后的产品涉入度量表（Revised Product Involvement Inventory，RPII）由三个维度构成，分别是重要性维度（Importance）、愉悦维度（Pleasure）和风险维度（Risk）。RPII 是对涉入度两个测量体系的综合，其理论前提仍旧认为涉入度是一个构念，不能被直接测量（McQuarrie and Munson，1987）。PII 的缺点在于题项冗长复杂、难以理解，由于概念构成上的单一导致其对信息搜寻和处理的预测能力不足。McQuarrie 和

Munson 发现这些问题之后，于 1992 年提出如果研究时需要更为简短的测量问卷，同时可以接受稍有下降的信度，RPII 是 PII 的一个替代选择方案。虽然 RPII 在语句上进行了精简，并且包含了感知风险可能性维度和感知信号价值维度，但是其在内容上与 PII 的相似度较高，有一半的题项与 PII 相同。未包含上述两个维度的 PII，在区分能力、信度与效度方面没有受到影响。因此，大多数学者采用了精简后的 PII，将涉入度作为一个单维构念处理，本书与此观点一致。此外，也有学者针对涉入度的一个具体分类进行深入研究，提出产品持久性涉入包括相关性、喜好性和吸引性三个方面（Strazzieri，1994），并从消费者是否同意产品对他很重要或很吸引他的角度开发了量表（Pertinence、Interest、Attraction，PIA）。

四 涉入度的中介作用/调节作用

将涉入度作为中介变量的研究通常认为其在认知与行为结果之间起重要作用，如 Kim（2008）以美国密歇根州立大学的学生为研究对象，将涉入分为认知涉入和感知涉入，认为旅游涉入对动机和满意度之间的关系有中介作用，旅游动机直接影响认知涉入，而感知涉入和认知涉入对旅游满意度有正面影响。还有学者验证了消费产品涉入度在产品知识与冲动购买行为之间的中介作用（Liang，2012）。较近的一项研究将产品涉入度作为中介变量，通过对美国西北地区的 493 份调查结果进行分析，认为消费者的饮酒频率显著影响其涉入度，而涉入度又会对感知重要性产生影响，高度涉入度的消费者对附属产品的属性更感兴趣（Rahman and Reynolds，2015）。

在品牌效应研究领域，消费者涉入度在多数研究情境内都扮演了调节变量的角色（Keller，1993），这些研究基于 Zaichkowsky（1985）的消费者涉入理论，探讨了消费者在不同程度涉入情况下，消费行为受到品牌印象影响后所展现出的差异。一般情况下，涉入度越低，品牌印象对购买意愿的影响越大（Petty et al.，1983），也就是说，消费者涉入度较低时，品牌印象越好，购买意愿越强烈；而当消费者涉入度较高时，消费者转而依据所掌握的其他线索进行判断，品牌印象对购买意愿的影响越弱。还有一些学者针对品牌延伸进行了深入研究，验证了涉入度在品牌功能性印象与延伸品牌感知质量之间的调节作用、在品牌经验性印象与延伸产品购买意愿之间的调节作用（银成钺和于洪彦，2008）、在感知契合度与品牌延伸评价之间的调节作用（Kwon and Leslie，2010）。更有进一步的研究还验证了消费者的绿色消费涉入程度在广告情感、功能与绿色购买行为或品牌态度之间的调节作用，研究结果表明对绿色品牌态度的影响程度更大（Matthes 等，2014）。

在原产国效应研究领域，学者们关于消费者涉入度在原产国信息线索与购买行为之间调节作用的观点出现了一些分歧。部分学者认为，当消费者对产品的涉入度较低时，原产国信息线索对产品评价的作用将会较强（Verlegh et al.，2005），原因在于此时消费者所掌握的产品信息较少，所以更多地依赖于原产国印象做出购买决策（Gürhancanli and Maheswaran，2013）。也就是说，当消费者掌握的产品信息不充分时，会通过产品原产国这些表面信息进行评价，原产国印象的作用便会极大地提高。即消费者产品涉入度在原产国印象与产品评价或购买意愿之间起负向调节作用（Alexander et al.，2008），该结论与涉入度在品牌印象领域调节作用的观点一致。而另一些学者提出了不同观点，他们先是肯定了当产品涉入度低时，原产国印象的确影响购买意愿。但是，如果此时增加任何外部线索，原产国印象的影响会立刻减小。随着消费者产品涉入度的提高，掌握信息的增多，此时做出购买决策则会更多地使用原产国印象信息（d'Astous and Ahmed，2004）。即消费者产品涉入度在原产国印象与购买决策之间起正向调节作用，并用实证研究验证了该观点（Longyi Lin and Chunshuo Chen，2006；陈舒婷，2010）。

综上所述，涉入度对品牌印象与购买意愿的调节作用方向得到了学者们较为一致的认可，而在原产国研究领域则出现了相反观点。本书认为消费者做出购买决策时，所掌握的产品质量、款式、价格等方面信息的多少，不能稳定地影响原产国印象与购买意愿之间的关系，是导致该分歧的主要原因。产品涉入度对原产国印象与购买意愿之间关系的调节作用时而正向、时而负向，说明它不是一个恰当的调节变量。在原产国印象领域的研究如此，在本书关注的以原产国印象为理论基础的区域品牌印象领域亦是如此，对于这种增加了公共品牌属性的产品决策，不能直接把产品涉入度引入理论模型验证其调节作用。本书将深入挖掘现象，了解消费者对区域品牌产品的购买决策过程，识别出在区域品牌印象与消费者购买意愿之间真正发挥作用的调节变量。

第五节　区域品牌类型

一　区域品牌类型的划分

（一）从区域品牌的形成过程进行分类

关于区域品牌类型的划分，最早具有代表性的划分方法是由胡大立等学者于 2006 年提出的。他们认为，产业集群发展到一定阶段，在较大的产业规模和较为突出的产业优势基础之上形成区域品牌，通过梳理区域品牌形成的演进过程，发现集群内部企业品牌和区域品牌之间大体存在两种关系：一种是产业集群内部的单个企业品牌不具有影响力、几乎没有知名度，而区域品牌在市场上具有较高的知名度，如浙江省的金华火腿和江西省的景德镇瓷器等，区域品牌是强势品牌，企业品牌是弱势品牌，这种情况下的区域品牌被称为覆盖型区域品牌，区域品牌的影响力、知名度完全能够覆盖住集群内所有企业品牌；另一种是区域品牌的形成得益于产业集群内多家知名企业发挥的支撑作用，企业品牌和区域品牌均在市场上有一定的影响力、知名度，如温州皮鞋（内部有红蜻蜓、奥康）和义乌袜业（内部有浪莎、梦娜）等，部分企业品牌和区域品牌均是强势品牌，这种情况下的区域品牌被称为依托型区域品牌，区域品牌的影响力、知名度在很大程度上依托于集群内知名企业品牌。此外，他们还结合实际案例比较了两种区域品牌的竞争优势，依托型区域品牌的发展潜力明显高于覆盖型区域品牌。其他学者赞同此划分观点，并通过实证研究进一步验证了覆盖型区域品牌与依托型区域品牌之间具有转换的可能性，得出了覆盖型区域品牌具有转换为依托型区域品牌的意愿且切实可行的结论（李大垒和仲伟周，2008）。

这种分类方式从区域品牌的形成过程出发，以企业品牌和区域品牌之间的强弱关系为参照系进行分类，但是分类结果并没有完全涵盖区域品牌与企业品牌之间的所有关系组合，遗漏了区域品牌和企业品牌均为弱势或均为强势这两种情形。

（二）从产业集群的形成过程进行分类

产业经济学将产业集群分为马歇尔式产业区、轮轴式产业区、卫星平台式产业区和国家力量依赖型产业区四种类型（Markusen，1996）。有学者在此分类基础上，结合集群演进轨迹以及政府在其形成过程中发挥的主导作用两个因素，将发展中国家的产业集群划分为三种类型，分别是意大利式、卫星式和轮轴式（Knorringa et al.，1998）。这种划分方法在我国的认可程度和引用率较高，有学者相应地为每种产业集群形成的区域品牌分别命名，将区域品牌划分为三个类型：第一，产业依托型，这种类型的区域品牌建立在卫星式产业集群基础之上，消费者对集群内部企业品牌的认知较弱，对区域品牌的认知主要来自产业规模。第二，市场依托型，这种类型的区域品牌建立在意大利式产业集群基础之上，在创建、培育及发展区域品牌的过程中，政府起到了不可替代的主导作用。第三，主导企业依托型，这种类型的区域品牌建立在轮轴式产业集群基础之上，部分企业品牌的发展引领了集群内品牌建设步伐，促进了区域品牌的形成（杨楠楠，2011）。这种分类标准以产业集群为先决条件，因此形成的区域品牌多数集中在工业品类别，较少涉及农产品区域品牌类别。

（三）从区域品牌形成的依托对象进行分类

有研究根据区域品牌形成发展过程中的主要依托对象将区域品牌分为三类：第一类是依托稀有、独特的自然资源发展起来的区域品牌，这类区域品牌与地理自然资源紧密程度非常高，如新疆哈密瓜、西湖龙井茶等；第二类是依托特别制造技术和工艺传承发展起来的区域品牌，这类区域品牌发展到一定阶段将成为一种特色产品的代名词，如北京烤鸭等；第三类是依托产业集群发展的传统路径建立起来的区域品牌，这类区域品牌的形成是产业集群的集聚效应和优势发展到一定阶段的必然产物，如狮岭皮具等（杨建梅等，2005）。上述划分方法对于每个类型的区域品牌没有进行命名，只是描述性地概括介绍了每种类型区域品牌的依托对象。本书认为第一类与第二类区域品牌均是依托区域内独特资源形成的，应合并为一类，可以命名为地理依赖型区域品牌；第三类区域品牌与区域资源关系较弱，可以命名为非地理依赖型区域品牌。

（四）从区域特性和品牌特性角度进行分类

有学者构建了区域品牌形成和成长二阶段理论模型，在对比国内外研究基础之上，将区域特性和品牌特性作为划分依据，将区域品牌分为区域农产品品牌、区域手工业／轻工业品牌、区域工业品牌及区域位置品牌。同时将区域品牌类型作为中间变量进行了深入研究，采用系统动力学研究方法构建了区域农产品品牌系统动力模型（杨雪莲和胡正明，2012）。还有学者根据区域发展状况，将集群品牌划分为已注册型、非注册型（无主导企业）、核心企业品牌主导运作型与共享"品牌俱乐部"型（张国亭，2008）。

（五）从资源依赖程度和产业集群交叉角度进行分类

该领域学者将集群产品与产品所在地区地理资源依赖程度作为划分依据，将区域品牌划分为地理依赖型和非地理依赖型两种类型（牛永革和赵平，2011）。之后在 Knorringa 等（1998）对发展中国家产业集群分类的基础之上，引入产业集群的分类，将区域品牌划分为六种类型，具体分类依据和分类结果如图 2－1 所示。最后依据产品技术革新速度，将上述六种类型的区域品牌重新归类，划分为特殊性与一般性产业集群品牌两类。本书认同将区域品牌划分为地理依赖型和非地理依赖型两种类型，不仅能够全面地涵盖区域品牌所有可能的情况，而且每种类型的区域品牌都具有鲜明的特征，能够很好地区分。

产业集群类别

	意大利式	卫星式	轮轴式
地理依赖型	意大利式地理依赖型集群品牌（Ⅰ）	卫星式地理依赖型集群品牌（Ⅱ）	轮轴式地理依赖型集群品牌（Ⅲ）
非地理依赖型	意大利式非地理依赖型集群品牌（Ⅳ）	卫星式非地理依赖型集群品牌（Ⅴ）	轮轴式非地理依赖型集群品牌（Ⅵ）

（左侧纵向标签：最终产品形式）

图 2－1　产业集群区域品牌类型（根据牛永革 2011 年论文整理）

二　区域品牌类型的相关研究

不同类型的区域品牌，其对购买意愿或产品评价的调节作用是否同样具有差异性，尚未有实证研究进行检验。目前针对区域品牌类型的研究，大多数关注分类标准、每个类型的特征与培育对策等，鲜有研究关注其作为调节变量发挥的作用。有学者从消费者视角出发，对其划分的六个类别区域品牌逐一进行了实证研究，通过对产业集群品牌效应的比较，发现对于特殊性产业集群品牌来说，集群品牌对消费者存在正向效应；对于一般性产业集群品牌来说，其效应是负向的，这是目前鲜有的将区域品牌分类后进行的实证研究（牛永革和赵平，2011）。

大量已有研究关注了产品类型作为调节变量对购买意愿的影响，并得出不同分类标准下不同类型产品的调节作用具有差异性，对区域品牌类型的研究起到重要启示作用。早期研究发现不同类型的产品广告传播效果与内容存在明显差异（Nelson，1974）。随后很多研究验证了产品类型的调节作用，如与体验型产品相比较而言，消费者对搜索型产品的购买意愿更加强烈（Chiang and Dholakia，2003）。还有一些研究关注了广告诉求与购买意愿之间产品涉入度与产品类型的交互作用，得出消费者产品涉入度决定了产品类型在广告诉求与购买意愿之间的调节作用（郭国庆等，2015）。

综上所述，国内外学者对区域品牌类型的划分，有二分法、三分法、四分法以及六分法等，分类依据各不相同。有的分类标准能够涵盖所有可能的情况，有的则不能，存在一定的缺陷。从区域品牌所在地区外部消费者角度审视区域品牌时，最直观的要素就是区域品牌产品本身与所在地区的依赖程度。外部消费者对区域品牌本身的形成过程、产业集群发展情况不甚了解，很难直接分辨出某区域品牌是依托型还是覆盖型，抑或是意大利式、卫星式还是轮轴式。但消费者能够比较直观地判断出具体的区域品牌与所在地区资源要素的依赖程度，并对其印象做出评价。由于本书关注的是区域品牌印象对消费者产品评价及购买意愿的影响，因此在对区域品牌进行分类时，采用牛永革和赵平（2011）依据集群产品与产品所在地区地理资源依赖程度的分类标准，即将区域品牌划分为地理依赖型与非地理依赖型，并分别检验不同类型区域品牌的调节作用。此种分类方法不仅能够涵盖所有情形，而且能从消费者角度获得准确的判断与评价。

第六节　小结

（1）关于区域品牌、区域品牌印象的称谓术语尚未统一，存在区域品牌、地理品牌、区位品牌、集群品牌、目的地品牌等多种专业术语。其概念界定也尚未形成一致观点，与内涵相近的一些概念区分不清，比如区域品牌与地理品牌的异同等。

（2）关于区域品牌印象的构成要素未达成共识，尚未形成较为公认、成熟的测量量表。学者们的注重点分别集中在地区印象要素、产品印象要素、人文要素等方面，未将这些要素纳入一个框架内，但实际上所有要素均是构成区域品牌印象的要件。区域品牌印象的测量，不仅应该从区域印象与品牌印象层面考虑，还应该集合区域内所有企业印象、整体产业印象等。

（3）区域品牌印象效应的作用机制尚未探明，其与消费者产品评价、购买意愿之间的关系未得到实证检验。大多数研究分别探索区域品牌印象的不同层面对消费者产品评价及购买意愿的影响，鲜有研究将区域品牌印象作为一个整体，在同一个模型中探索其不同维度对消费者购买意愿的作用机制。作为其理论来源，品牌印象、原产国印象对产品评价、购买意愿的影响均已得到证实，但是当区域品牌印象作为影响消费者购买意愿的外部线索时，作用机制是否同样存在，有待进一步验证。

（4）以产品涉入度为调节变量的理论，不适用于解释具有公共品牌属性的区域品牌印象对购买意愿的影响过程。需通过深访等调查手段，重新识别在区域品牌印象与购买意愿之间，与涉入度有关的调节变量，探讨并解释不同情境下区域品牌印象效应机制。

（5）区域品牌的分类方法有很多种，但是均停留在描述性研究阶段。无论是何种分类方法，现有研究大多仅概括各类型的特征，未以区域品牌类型为调节变量，探寻不同类型的区域品牌印象对消费者产品评价影响的差异性，研究成果缺乏对实际营销工作的指导性。

第三章

量表开发

基于第二章对相关研究领域进行的文献综述，本书发现区域品牌印象是消费者对产品进行评价并做出购买决策的重要依据，消费者地区涉入度的高低程度可以影响区域品牌印象与购买意愿之间的关系。而国内外学者关于区域品牌印象与消费者地区涉入度的概念界定均尚未达成一致观点，二者的测量问题也未尽明确。当一个新构念经检查之后没有成熟量表测量时，为了检验理论，则需要开发量表（罗胜强，2014）。基于此，清晰地对其概念进行界定，并科学地开发测量量表，不仅有助于使本书构建的理论模型具有更强的科学性和可测量性，更有助于完善该领域的基础理论研究。本章的主要研究工作就是在明确界定区域品牌印象与消费者地区涉入度的概念基础之上，分别开发、修订区域品牌印象与消费者地区涉入度测量量表，为后续理论研究奠定基础，并提供有效测量工具。

第一节 区域品牌印象概念界定与维度划分

国内外关于区域品牌印象的研究刚刚起步，正如第二章第一节所述，现有研究对区域品牌印象概念与测量等方面的关注仍显不足。然而无论是理论研究还是实际现象，均表明了区域品牌印象是消费者对区域产品进行评价并做出具体购买决策的重要影响因素，基于此，在构建本书理论框架前，非常有必要厘清区域品牌印象的概念及其构成维度，这是保证后续研究工作严谨性及准确性的首要条件。

一 概念界定

前文第二章第一节中提到关于区域品牌的概念，国内外尚未形成统一的称谓，因此，对于区域品牌印象的称谓，也未达成一致观点。如前文所述，已有研究关于区域品牌印象概念的侧重点各有不同，为了清晰界定其概念，本书融合品牌印象、产业集群、区域品牌、区域印象及原产国印象等多个领域的理论知识，邀请4名相关领域专家（其中包含营销领域两名教授、两名副教授）对本书给出的区域品牌印象定义进行讨论，经过多次讨论反复修改，最终将区域品牌印象界定为消费者对区域品牌本身及其公共属性综合的感知，这种感知通常来自消费者对产品所在地区、地区内民众、产品所处产业、产业内企业及产品本身等信息的联想加工。

二 维度划分

本部分基于前期对国内外学者关于区域品牌印象概念界定与维度划分主要观点的梳理，经与相关领域专家共同讨论，形成本书对区域品牌印象的维度划分观点，明确各维度概念，对理论模型的构建奠定基础，从而确保研究方向的准确性。

该领域学者认为区域品牌印象维度构成应从区域印象和品牌印象两个层面考虑（王哲，2007），而对于区域印象与品牌印象各应涵盖的范围却持不同观点。正如前文第二章第一节所述，研究区域印象的学者大多以原产国印象理论为基础、以地区印象划分维度为依据，将区域印象划分为整体地区印象、整体民众印象和整体产品印象（李东进，2010）。也有学者认为区域印象应由自然禀赋印象、产品印象、社会公信印象和可持续发展印象构成（成荣敏，2012）。研究品牌印象构成较为公认的观点是 Aaker（1991）提出的，其认为产品属性、消费者利益及品牌人格特质三部分构成了品牌印象。由于区域品牌是一种具有公共性质的品牌，在产业集群基础之上形成，本书与专家共同讨论后一致认为，区域印象包含消费者对产品所处地区、地区内民众、地区内整体产业等方面的综合感知印象，区域品牌印象除包含消费者形成的对产品所在地区印象、民众印象与产业印象之外，还应该包含企业印象与产品印象。本书按照上述讨论结果，对该研究领域的国内外相关文献进行了详尽的梳理与归纳，代表学者和主要观点经归类后详见表 3－1。

表 3－1　　　　　　　　　　　区域品牌印象构成归总

所属范围	代表学者（年份）	主要观点
地区印象	Rainisto（2003）	区域向消费者提供的产品体现了该区域的文化印象，区域品牌是区域给消费者带来的特色吸引力
	Gürhan-Canli 和 Maheswaran（2000）	区域品牌印象是诸多丰富属性的混合，应该包含地区的环境属性
	Eidelman 等（2016）	区域印象是该区域内自然、经济等众多要素在消费者头脑中形成反应后的总体印象，包含区域的发展规模、水平、质量和模式等内容
	蒋廉雄等（2006）	区域印象的概念属性包括自然风貌、建设风貌、科技发展、制度环境
	王哲（2007）	区域内产业结构的构成会受到该区域独特的自然环境、经济条件等因素的影响，并逐渐形成与该区域特色相关的区域品牌
	杨杰（2008）	社会公众对区域印象的评价包括政府治理、自然禀赋
	周丽和刘钦普（2008）	区域印象首先表现为客观存在的选择形象，如区域的自然、经济、社会等要素
	曾建明（2010）	区域品牌印象是人们对某个区域内的政治要素、经济要素、科教文化要素、自然环境要素等产生一种综合的心理反应，是一个抽象的概念

续表

所属范围	代表学者（年份）	主要观点
地区印象	许基南和李建军（2010）	在特色农产品区域品牌印象中最重要的是区域形象，独特的地理位置是区域形象的特色及亮点，区域维度包括自然环境、基础建设与经济建设
	陈辉辉等（2011）	消费者购买意愿和开发区区域印象存在关系，且经济发展水平对地区印象的影响最大
	宁冉（2013）	良好的区域印象对区域品牌品质的提升、区域经济的全面发展具有积极的作用。自然环境因素、经济因素对区域品牌印象的形成具有影响
	梁海红（2013）	区域文化是构成农产品区域品牌印象的重要因素，它相当于区域品牌的灵魂
	盛志勇（2013）	整体地区印象包括消费者对地区富裕、经济发达、民众生活水平、文化程度、文化感觉、文化吸引力和趣味的感知
民众印象	蒋廉雄等（2006）	人文风貌是区域印象的一个概念属性
	杨杰（2008）	人口素养是社会公众对区域印象进行评价的因子之一，包括对外友善、讲礼仪、民众勤劳三个项目
	陈辉辉等（2011）	市民印象包括功德印象、卫生印象、语言印象、行为印象及市民性格
	宁冉（2013）	人文文化因素对区域品牌形象的塑造具有影响，包括：历史角色、文化底蕴、民风民俗、居民素质四个方面
	盛志勇（2013）	整体民众印象包括亲切、教育水平、工作能力、创意、勤勉诚实、信赖、正直、教养、好感
企业印象	Biel（1993）	消费者通常将来自公司的信息线索和与使用公司产品有关的经验加工为公司印象，它由公司历史延续性、革新性、社会营销及信赖感构成
	Aaker（1996）	企业印象是该品牌所在企业提供产品的表现，良好的企业印象可以增强企业的声誉，可以为消费者提供保障，从而提高其购买欲望
	范秀成和陈洁（2002）	可通过产品品质、产品普及率、经验成败、对顾客的关注程度、全球化程度和本地化程度六个指标进行测评

续表

所属范围	代表学者（年份）	主要观点
企业印象	许基南（2002）	区域品牌印象是某个地域企业品牌集体行为的综合体现
	熊爱华和汪波（2007）	区域品牌指该区域内强势企业及其品牌的商誉总和，企业应在规模和制造能力、市场占有率和影响力上具有优势
	龙成志等（2010）	企业印象指消费者对公司地位和企业特征等要素的整体感知和评价，包括公司行业地位、信赖感、企业特征等要素，可从行业领先度、企业差异能力、企业信服实力、市场占有率、品牌声誉五个指标进行测量
	许基南和李建军（2010）	产销企业印象是指产销企业的社会营销以及产销企业的规模和实力对消费者感知产生的影响，认同 Biel 提出的产销企业印象构成要素观点
	张光辉和黄桂花（2013）	区域品牌的形成得益于优势企业品牌的创建，区域内龙头企业品牌对区域品牌具有代表性作用。培育龙头企业，实施品牌扩张政策，能够促进农产品区域品牌与企业品牌的协调发展
产品印象	Biel（1993）	产品或服务印象是由产品或服务自身或衍生而来的特征显现出来的一种特性，包括硬性和软性两种属性，价格、性能、技术、服务、产地等属于硬性属性，颜色、款式、设计等属于软性属性
	Aaker（1996）	产品印象是指产品本身的功能、属性及是否让人愉悦等，这些是消费者在购买商品时最先关注到的要素，它不仅影响消费者的最终决策，还会影响消费者的情绪及对该产品的满意程度
	罗子明（2001）	产品属性认知包括品质认知、档次认知、功能认知、特色认知
	范秀成和陈洁（2002）	从产品属性、使用者、生产国、品质、产品类别、用途六个方面对产品印象进行测量

续表

所属范围	代表学者（年份）	主要观点
产品印象	龙成志等（2010）	产品印象可以反映出消费者对品牌的满意程度，是对产品特征的一种感知，其中产品特征包括利益、价值等。从性能优越、使用效果、产品喜好、个性化利益、物有所值五个方面测量
	许基南和李建军（2010）	产品印象，特别是产品质量保证、食品安全、口感、营养成分以及社会认同都对消费者的感知产生较大的影响。特色农产品产品印象由产品质量保证、产品属性（农产品的鲜度、口感及营养成分等）以及社会属性组成
	张光辉和黄桂花（2013）	农产品区域品牌是指相关特征受到地区自然因素或人文因素影响的农产品
	盛志勇（2013）	区域印象是产品的一种外在因素，是消费者对产自某个地区产品质量的总体性认知。整体产品印象包括质量、销售情况、技术、不出现故障、设计、售后服务
	梁海红（2013）	在农产品印象的影响因素中，产品种类、质量、价格和包装都是不可忽视的因素，其中产品种类和质量是最重要的影响因素
产业印象	张静和黎未羊（2014）	农产品区域品牌可以从集群角度出发，通过"地区名称＋优势产业"的形式来定义，强调优势产业的作用
	朱玉林和康文星（2006）	农业区域品牌的发展受规模效应和生产能力的影响，为实现较高的市场占有率和社会影响力需不断扩大规模、提高生产能力
	张光辉和黄桂花（2013）	吸引诸多企业在区域内形成产业集群，逐步实现区域化布局、专业化生产、一体化经营，使产业发展成为地区经济发展支柱，提高企业经营效率，提升区域产品在消费者心中的满意度
	梁海红（2013）	树立农产品区域品牌印象要将区域产业印象提升到首位，农产品质量的提高有赖于农产品产业结构的优化和质量标准的统一，并且要立足于本区域的发展特色。区域产业印象包括资源的稀缺性、区域硬环境、区域软环境和市场表现四个因子

资料来源：本书笔者整理。

基于上述总结归纳，结合本书关注的主要构念，发现已有研究对区域品牌印象的描述可分为五个方面，经过与专家组的反复推敲，初步认定地区印象、民众印象、企业印象、产品印象和产业印象是构成区域品牌印象的五个重要因素。将提及区域内自然资源、经济发展状况、文化特色等在消费者头脑中形成的对整个地区的感知概括为地区印象；将描述产品所在地区民众友善程度、勤劳程度等方面的内容概括为民众印象；将提及区域内生产该产品所有的企业技术水平、市场占有率等内容概括为企业印象；将涉及该产品的外观、工艺等描述概括为产品印象；将涉及产品所处产业的整体规模、在行业内的领先地位等描述概括为产业印象。各维度的概念内涵界定如下，最终维度的确认还需经过后续的实证研究检验。

（1）地区印象是一个系统化概念，它是产品所在地区的政治、经济、自然、科教、文化及历史等客观存在的众多要素在消费者头脑中形成的整体印象。

（2）民众印象是指消费者在了解后形成的对产品所在地区内民众基本特征的总体看法，包括民风民俗和内在品质等。

（3）企业印象是消费者将其获得的有关信息和使用企业产品的经验综合起来，形成的对该企业的整体性感知和评价，包括企业实力、企业声誉及企业社会责任等方面。

（4）产品印象是消费者对产品特征的综合感知，包括产品质量、功能、价格、外观及对消费者需求的满足程度等方面。

（5）产业印象是指消费者对产品所在地区产业发展现状、发展动力、发展前景等多方面的综合感知，包括产业影响力、产业优势、产业规模等要素。

第二节　区域品牌印象量表开发

在本书拟构建的理论模型中，区域品牌印象将作为重要的自变量影响消费者产品评价及购买意愿。通过对国内外已有研究的梳理，本书发现区域品牌印象这一构念并没有成熟的量表对其进行测量，十分有必要开发区域品牌印象量表，使其成为一个可以测量的构念。Churchill（1979）以一些量表开发过程为例，总结归纳出营销领域开发量表应该遵循的步骤与规范（图3-1），并在每个步骤分别推荐了相应的研究检验方法。

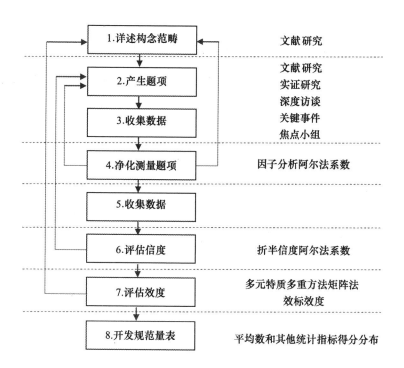

图3-1　量表开发程序

资料来源：Churchill G A. "A Paradigm for Developing Better Measures of Marketing Constructs". *Journal of Marketing Research*, 1979, 16（1）: 64-73。

本部分研究严格遵循上述量表开发原则与程序，通过深度访谈、专家座谈及问卷调查等研究方法，历经题项库的建立、题项净化、预测试、信度和效度检验等步骤开发了区域品牌印象的测量量表，得出区域品牌印象由地区印象、民众印象、企业印象、产品印象和产业印象五个维度构成的研究结论。实证研究结果表明，区域品牌印象量表具有较好的信度与效度水平，能够成为后续研究的有效测量工具。

一 深度访谈

本部分根据专家讨论结果以及上述维度划分观点，采用有较强理论构思又具有一定灵活性的半结构化深度访谈法，设计问询式的访谈提纲，逐步诱发消费者的内隐认知，并使其外显化，获取关于区域品牌印象构成维度的访谈资料。采用方便抽样方法，选取长春市18名消费者作为深访对象，分组进行访谈。对访谈内容进行整理、编码，采用内容分析技术对访谈资料进行分析，验证识别出每个维度的内涵，为构建理论框架奠定基础。

（一）访谈提纲

本书在访谈实施之前，基于文献研究和专家讨论结果，围绕识别和确认影响消费者进行产品评价及做出购买决策的区域品牌印象要素，挖掘对被访者起到重要作用的区域品牌印象因素，拟定了符合研究目的的访谈提纲。访谈提纲主要包括以下问题：

（1）请简单描述您在购买这种产品前后的整个过程。

（2）您是否了解所购买产品的产地？对这里的印象如何？请尽量用几个词语来描述一下。还有吗？您是否会因为喜欢或讨厌一个地方，从而影响您是否购买这个地方生产的产品的决定？为什么？请举例说明。

（3）您对这地区的民众总体印象如何？还有吗？请尽量用几个

词语来描述一下。这里的人，给您的印象好或者不好，是否会影响您对这个产品的购买决策？如果会，请举例说明。

（4）这个地方生产的这种产品，给您的感觉，与其他地方生产的产品有什么差异？哪些方面有差异？比如说质量、做工、工艺、价格、技术含量等方面，还有吗？该地区生产的同类产品给您的印象如何？是否会影响您的购买决策？为什么？

（5）您对该地区该产业总体印象如何？请尽量用几个词语来描述一下。还有吗？地区内该产品所处产业给您的印象，是否影响您的购买决策？为什么？请举例说明。

（6）您对该行业内企业总体印象如何？请尽量用几个词语来描述一下。还有吗？地区内生产该产品的企业给您的印象，是否影响您的购买决策？为什么？请举例说明。

在访谈过程中，主持人负责控制整体访谈节奏，针对每个被访者的情况适当地提出不同程度的提示和追问，以保证访谈信息的完整性和丰富性。

（二）确定测试产品

本书采取如下三条标准在全国产业集群区域品牌中抽选深访部分的测试产品：第一，在地理依赖型与非地理依赖型两个类别中具有代表性、知名度较高的区域品牌；第二，最终产品为消费者生活中较为常见的、消费频次较高的区域品牌；第三，在该行业中占据重要地位的区域品牌。基于以上考虑，本书选择了四个区域品牌，分别是涪陵榨菜、义乌小商品、长白山人参和温州中国鞋都。涪陵榨菜与长白山人参属于典型的地理依赖型区域品牌，义乌小商品与温州中国鞋都属于典型的非地理依赖型区域品牌。对访谈对象的初步测试发现，在校生对涪陵榨菜购买频次较高，熟知度较好，因此面向在校本科生的深访，测试产品采用涪陵榨菜。MBA 学员对义乌小商品购买频次较高，熟知度较好，因此面向 MBA 学员的深访，测试产品采用义乌小商品。本书希望通过以上不同类型区域品牌测试产品的设计，能够全面了解消费者对区域品牌印象的感知。

（三）样本选择与访谈实施

深访共分三组进行，分别选择在校大学生和 MBA 学员作为访谈对象。首先选择在校的本科生进行两组深度访谈，每次选择 6 名被访者，计 12 名。其次在具有 5 年以上工作经验的 MBA 学员群体中选择 6 名被访者，围绕访谈提纲对被访者进行逐个提问。在访谈过程执行之前，对被访者进行简单的询问以甄别出有效被试，被访者在近 6 个月内需有过或参与过产品的购买和使用经历。本书还兼顾了被访者在性别和年龄区间段的均衡，访谈样本的描述性统计详见表 3 - 2。

表 3 - 2　　　　　　　　　访谈样本的描述性统计

变量特征		频数	百分比
性别	男	8	44.44%
	女	10	55.56%
年龄段	25 岁及以下	12	66.67%
	26—35 岁	4	22.22%
	36 岁及以上	2	11.11%
工作经验	无	12	66.67%
	5 年以上	6	33.33%
职业类型	学生	12	66.66%
	公职人员	2	11.11%
	企业管理人员	2	11.11%
	一线生产人员	1	5.56%
	销售人员	1	5.56%

深访主持人会在访谈进行之前对被访者进行一定程度的情况说明，包括访谈主题、访谈目的等，并向被访者承诺，本次访谈纯用于学术研究，保证被访者信息绝对不会泄露，确保被访者可以在安

心、放松的情绪状态下接受访谈，并且可以知无不言。在进行访谈时，除了根据访谈提纲提问之外，尽量与被访者进行讨论，不断追问以获得访谈资料。

（四）访谈资料分析

本书最后采用深访的 18 份访谈材料，基于前期与专家共同确定的维度及各维度内涵，通过选择分析单元建立编码表，邀请三名营销专业在读博士生进行编码，并对编码进行信度与效度检验。

1. 选择分析单元

本书采用 18 份访谈材料，遵照语义内容分析法的原则，对访谈资料进行分析，在确定最小的内容分析单元时，选择具有相对独立完整情境信息的句子或段落，最终确定了 62 个分析单元。以下内容摘选自 4 份访谈材料，一共包含了 15 个分析单元。

访谈材料一：

我们学生吃泡面的时候，榨菜是绝配吧，基本上都会买。我经常在超市买榨菜，基本上买的时候都会首先考虑品牌和产地。（1）榨菜就那几个牌子吧，涪陵啊，乌江啊，都是重庆那边的。印象中，那边的榨菜味道比较正宗，很有滋味，价格也不贵。（2）重庆涪陵的榨菜在国内应该是家喻户晓的产品吧，只要买，应该是首选。有的时候遇见一个没听过的榨菜牌子，我首先会看看产地，要是重庆那边的，基本上就买了。但比如说是东北产的榨菜，我肯定会犹豫一下，到底要不要买。（3）涪陵那边生产榨菜的企业应该很多吧，只是规模不同而已，在全国的市场份额应该也非常大，我不了解具体数据，但感觉每个超市卖榨菜的区域，80% 以上产地都是重庆或者四川。（4）我对那边的印象不错，那边的人也很勤劳能干，很能吃苦。

访谈材料二：

胃口不好的时候我会买一些辣一点的榨菜刺激一下，基本上都是在校园内的便利店购买。买的时候我会先挑选口味，如果是我喜欢的非常麻辣的那种，然后才会看一下产地。（1）感觉榨菜基本上都是四川、重庆地区那边生产的吧，一想到这些地方，我就能联想到满脑子的辣椒，当然还有勤劳的川妹子。（2）不过还是乌江榨菜比较有名，给人较放心的感觉，毕竟榨菜属于腌制类食品，制作不好，应该会有一些致癌物什么的，所以还是得选知名度高的那种大厂家。（3）有一些根本没听说过的牌子，不太敢买。那边生产榨菜的历史应该很久了吧，生产企业应该很多，但是能叫得上来名的也就是乌江。

访谈材料三：

义乌小商品种类太多了吧，基本上礼品啊、旅游纪念品啊、生活中的家居用品等都来自义乌小商品。好像咱们长春就有义乌小商品批发市场，在光复路那边。义乌小商品到处都有卖，遍布全国，甚至全世界。（1）有一次我同事出国去英国玩，回来给我带了一个埃菲尔铁塔的小型钥匙链，结果我一看，"MADE IN CHINA YI-WU"，顿时感到义乌小商品的强大。我估计但凡你能想到的小商品，义乌都有生产，企业多，种类全，在全国各地的市场份额都得是排在第一。（2）以前对那里印象不怎样，总觉得温州假货多，但是最近几年发现，那边产品的质量越来越好了，而且价格非常便宜，估计这也是它们占领全国市场的原因。（3）温州人不是号称中国的"犹太人"吗？他们特别会做生意，头脑灵活，而且也很能吃苦。很早以前流行一句话，"白天当老板，晚上睡地板"。现在不用吃苦了，温州人靠着才干和勤劳富有了。

访谈资料四：

小商品啊，种类太多了，生活中经常会购买，有时去超市买，有的时候在网上买，很方便。当属义乌小商品的名气最大吧，到处都是，夸张一点说，只有你想不到，没有你买不到。（1）有一次旅游去哈尔滨，在中央大街一家俄罗斯商品店里转，想买点有特色的纪念品带给同事。看中了一套精美的套娃，一看产地，竟然是浙江义乌，确实让我惊讶了一下，对义乌的小商品有了新的认识。工艺精美，并且价格也不贵。（2）后来出差去过一次温州，给我留下印象最深的就是温州人不注重打扮，但很务实，做事高效。（3）晚上出去散步的时候，你会发现很多穿着睡衣的人在街上走。但是白天，每个人都行色匆匆，高速运转。义乌小商品的销售网络也很庞大，销往全国各地，虽然单价不贵，但我估计销售额低不了，因为种类太多了。

2. 建立编码表

经过前期与专家讨论后确定的区域品牌印象维度初步划分结果以及每个维度的概念界定，本书在内容分类的基础之上，进一步确立清晰且可操作的编码工具，构建了区域品牌印象编码表，见表3-3。

表 3 - 3　　　　　　　　　　**区域品牌印象编码**

维度	编码要素
地区印象	1. 一个地区较好的经济发展水平会提升该地区印象
	2. 很多区域品牌得益于该地区独特的自然资源
	3. 能形成区域品牌的地区，通常拥有较长的生产历史
	4. 这样的地区通常拥有独特的文化底蕴
	5. 这样的地区用于生产该产品的基础设施很完善

续表

维度	编码要素
民众印象	1. 该地区民众手工艺技能独特，获得消费者认可
	2. 民众的热情好客吸引了很多消费者
	3. 该地区民众普遍具有诚信朴实的特征
企业印象	1. 区域内生产企业数量众多、非常集中
	2. 集中化的生产，分工明确，专业化程度高，技术含量高
	3. 企业生产历史悠久，生产企业技术水平高
产品印象	1. 产品质量好、价格便宜
	2. 产品包装设计精美、技术含量较高
	3. 产品工艺精良，获得消费者普遍认可
产业印象	1. 产业在国内知名，具有一定的影响力
	2. 专业的批发市场或规模较大的集散地标志着产业成熟
	3. 整个产业在全国的市场份额排在前列

3. 内容编码

在确定编码单元和编码表的基础之上，本书采用常见的三人编码方案，邀请三名企业管理专业市场营销方向的在读博士生对分析单元进行编码。本书对编码专家事先进行培训以保证编码信度，向他们明确说明了内容类别的含义及操作定义，详细讲解编码规则和在编码过程中可能出现的情况，各专家的编码工作均独立进行。与此同时，本书设计并使用了标准化的表格和统一的指导语以简化整个编码工作。经过编码，62 个分析单元中，因含义模糊、属性无法清晰归类而删除 6 个分析单元，最终确定进入正式编码域的分析单元共 56 个。

4. 编码信度检验

正式编码结束后，本书计算了三位编码员之间的编码一致性，见表 3－4。三位编码专家的编码一致性程度（CA）都在 0.80 以上，各个内容类别表现出较高的一致性，编码结果具有较高的信度。

表 3-4　　　　　　区域品牌印象构成维度内容编码一致性程度

区域品牌印象	CA
地区印象	0.86
民众印象	0.89
企业印象	0.85
产品印象	0.85
产业印象	0.91

5. 编码效度检验

本书采用"内容效度比"（Content Validity Ratio，CVR）对内容分析的效度进行检验，计算出三个编码专家对 56 个分析单元的 CVR = 1.0，结果表明编码内容效度非常好。

6. 编码结果分析

访谈材料归类后，本书进行了频次统计，统计结果表明，三位编码者均能将提及频次较高的内容较为一致地归类至相应的类别中，得到的研究结果具有较好的内容效度。本书摘选了部分编码归类统计内容，见表 3-5。

表 3-5　　　　　　区域品牌印象访谈内容编码归类统计（部分摘选）

序号	维度	归入该维度的编码单元	频次	频率
1	地区印象	·重庆涪陵的榨菜在国内应该是家喻户晓的产品吧，只要买，应该是首选。有的时候遇见一个没听过的榨菜牌子，我首先会看看产地，要是重庆那边的，基本上就买了 ·涪陵地区的自然条件很适合腌制榨菜吧，换了其他地方，一样的配料也做不出一样的味道	10	56%
2	民众印象	·我对那边的印象不错，那边的人也很勤劳能干，很能吃苦 ·温州人不是号称中国的"犹太人"吗？他们特别会做生意，头脑灵活，而且也很能吃苦	13	72%

续表

序号	维度	归入该维度的编码单元	频次	频率
3	企业印象	·涪陵那边生产榨菜的企业应该很多吧，只是规模不同而已，在全国的市场份额应该也非常大，我不了解具体数据，但感觉每个超市卖榨菜的区域，80%以上产地都是重庆或者四川 ·我估计但凡你能想到的小商品，义乌都有生产，企业多，种类全，在全国各地的市场份额都得是排在第一	11	61%
4	产品印象	·那边的榨菜味道比较正宗，很有滋味，价格也不贵 ·那边产品的质量越来越好了，而且价格非常便宜，估计这也是他们占领全国市场的原因	13	72%
5	产业印象	·一提到重庆涪陵，一定会想到榨菜，太有名了 ·义乌小商品到处都有卖，遍布全国，甚至全世界	12	67%

通过深度访谈，获取了丰富的第一手资料，访谈结果基本验证了经过文献研究与专家讨论后确定的区域品牌印象构成维度，并在访谈资料中获取了部分题项纳入题项库，以补充文献研究的不足。

二 初始题项库的形成

本书采用归纳法推导出可以用来测量区域品牌印象这一构念的初始题项，在初始题项库形成的最初阶段，一方面尽可能多地提出题项，另一方面为使测量的内容更加贴切和具体，将拟测试内容转化成通俗易懂的描述性语句。主要从两个途径获取初始题项，第一个来源是已有相关领域的文献。通过阅读并梳理区域品牌印象、品牌印象和原产国印象测量的相关文献，最终得到 88 个题项。其中反映地区印象的题项 32 个，反映民众印象的题项 12 个，反映企业印象的题项 16 个，反映产品印象的题项 15 个以及反映产业印象的题项 13 个。第二个来源是对消费者的深度访谈。本书选取 18 名消费者进行深度访谈，根据预先设定的深访提纲与被访者交流，并灵活调整问题、不断地追问，以便挖掘到更有价值的信息。在深访过程中，有 4 个反映地区印象的题项，3 个反映民众印象的题项，4 个反映企业印象的题项，4 个反映产品印象的题项以及 4 个反映产业印象的题项，共 19 个题项被高频提及。

鉴于初始题项库的题目数为正式测量工具题量数的 2—5 倍的基本原则，区域品牌印象量表初始题项库的题目数为 101，具体而言，测度地区印象题目 35 个，测度民众印象题目 13 个，测度企业印象题目 20 个，测度产品印象题目 16 个，测度产业印象题目 17 个，如表 3 – 6 所示。

表 3 – 6　　　　　　　　　区域品牌印象量表初始题项库

初始维度	题　项
地区印象	A0001　该地区政府政策透明
	A0002　该地区相关的法制健全
	A0003　该地区政府行政规范
	A0004　该地区政府工作人员廉洁
	A0005　该地区政府工作效率高
	A0006　该地区提供的基础设施完善
	A0007　该地区对外开放程度高
	A0008　该地区政府日常职能的履行情况好
	A0009　该地区政府能够快速处理突发事件
	A0010　该地区拥有良好的投资环境
	A0011　该地区经济增长速度较快
	A0012　该地区经济发展水平位于前列
	A0013　该地区劳动成本与经济发展水平相匹配
	A0014　该地区整体民众生活水平在全国位于前列
	A0015　该地区具有良好的经济基础
	A0016　该地区工业化程度高
	A0017　该地区经济发展前景好

续表

初始维度	题 项	
地区印象	A0018	该地区位于我国经济繁荣地带
	A0019	该地区气候宜人
	A0020	该地区环境优美
	A0021	该地区自然资源丰富
	A0022	该地区地理位置优越
	A0023	该地区具有独特的自然资源
	A0024	该地区生态实现了可持续发展
	A0025	该地区具有优质的自然资源
	A0026	该地区教育设施完善
	A0027	该地区教育管理严格
	A0028	该地区拥有丰富的与××产业相关的科技成果
	A0029	该地区经常开展与××产业相关的科技活动
	A0030	该地区××产业历史悠久
	A0031	该地区与××产业相关的历史在该地区影响重大
	A0032	该地区的优秀工艺得到了有效的传承
	A0033	该地区在文化上很有吸引力
	A0034	该地区文化底蕴深厚
	A0035	该地区文化具有很强的影响力
民众印象（13）	B0001	该地区民众对外友善
	B0002	该地区民众勤劳
	B0003	该地区民众讲礼仪
	B0004	该地区民众卫生形象好
	B0005	该地区民众具有社会公德
	B0006	该地区民众行为举止佳
	B0007	该地区民众工作能力强
	B0008	该地区民众富有创意
	B0009	该地区民众给人亲切的感觉
	B0010	该地区民众值得信赖
	B0011	该地区民众为人正直
	B0012	对于个人来说，该地区民众让人有好感
	B0013	该地区民众手艺精湛

续表

初始维度	题　项	
企业印象（20）	C0001	该地区具有规模较大的企业
	C0002	该地区具有龙头企业
	C0003	该地区拥有富有实力的企业
	C0004	该地区拥有发展历史悠久的企业
	C0005	该地区拥有国际化的企业
	C0006	该地区拥有在行业内具有影响力的企业
	C0007	该地区企业具有很强的创新能力
	C0008	该地区企业具有很强的生产能力
	C0009	该地区企业技术水平处于领先地位
	C0010	该地区企业实力让人信服
	C0011	该地区企业以顾客需求为导向
	C0012	该地区企业更加吸引优秀人才
	C0013	该地区企业经常提供一些有价值的额外服务
	C0014	该地区企业口碑非常好
	C0015	该地区企业职员很优秀
	C0016	该地区企业受到消费者信赖
	C0017	该地区企业经常参加公益活动
	C0018	该地区企业重视保护环境
	C0019	该地区企业缓解了当地民众的就业问题
	C0020	该地区企业具有良好的社会公德
产品印象（16）	D0001	该地区生产的产品质量有保证
	D0002	该地区产品在全国范围内畅销
	D0003	该地区生产的产品性价比高
	D0004	该地区生产的产品设计上吸引人
	D0005	该地区生产的产品技术上优秀
	D0006	该地区生产的产品性能优越
	D0007	该地区生产的产品工艺精良
	D0008	该地区生产的产品款式新颖
	D0009	该地区生产的产品包装精美
	D0010	该地区生产的产品效果与预期一致
	D0011	该地区生产的产品能够满足消费者的个性化消费需要

续表

初始维度	题 项
产品印象（16）	D0012　该地区生产的产品具有特色
	D0013　该地区生产的产品实用性较高
	D0014　该地区生产的产品功能完善
	D0015　该地区生产的产品更新换代快
	D0016　该地区生产产品售后服务好
产业印象（17）	E0001　该地区产业发展具有规模效应
	E0002　该地区产业形成了完整的产业链
	E0003　该地区产业呈现出完善的发展前景
	E0004　该地区产业在全国市场上占有率位于前列
	E0005　该地区产业在全国市场上具有很强的竞争力
	E0006　该地区产业是当地经济发展的支柱产业
	E0007　该地区产业全国知名
	E0008　该地区产业在国内众口皆碑
	E0009　该地区独特的自然环境促进了产业的发展
	E0010　该地区产业的发展得益于该区域具有专业技术人员
	E0011　该地区产业拥有独特的生产技术
	E0012　该地区产业拥有独特的生产流程
	E0013　该地区产业拥有独特的生产工艺
	E0014　该地区产业发展具有独特性
	E0015　该地区产业发展具有规范的专业市场
	E0016　该地区产业结构布局合理
	E0017　该地区产业成为当地对外宣传的名片

三　初始题项的净化及修改

本书邀请七位研究产业集群、区域品牌、品牌印象及消费者行为领域的学者和专家，共同组成专家组对题项库进行初步的净化，以保证量表的内容效度。题项净化工作具体经历三个步骤：第一，采取头脑风暴法评价各题项，对与区域品牌印象关系较弱的题项进行剔除，共删除题项 57 个；第二，发放专家评审表，告知专家本书关注的区域品牌印象及各维度操作化定义等信息，请专家评价表中题目与待测量维度的相关程度，即对每个初始题项的代表性按照"好""中""差"三个标准进行评价，其中"好" = 5 分，"中" = 3 分，"差" = 1 分，专家评价结果均值小于 3 分的题项即代表性较低（Robert，2004），删除代表性较低、反映性较差的题项，共删除题项 23 个；第三，请专家组成员评价并修改编制题目语句的准确度和清晰性，消除专业词汇、晦涩词汇引起的语义不清。专家预审表详见附录 1。

专家预审后，本书共做了两方面调整：第一，为增强内容的可理解性和题目的可读性，调整了题目的表达方式。第二，删除相关程度差及代表性差的题项 80 项。通过对相关理论的归纳和总结、听取专家意见并结合实际情况，经多次筛选和评价后确定了测量区域品牌印象的 21 个题项，其中反映地区印象的题项 5 个，反映民众印象的题项 4 个，反映企业印象的题项 4 个，反映产品印象的题项 4 个以及反映产业印象的题项 4 个，如表 3 - 7 所示。

表 3 - 7　　　　　　　　区域品牌印象专家预审后题项库

维度	题　项（21 项）
地区印象	A1　该地区提供的基础设施完善（原 A0006）
	A2　该地区经济发展水平位于前列（原 A0012）
	A3　该地区具有独特的自然资源（原 A0023）
	A4　该地区生产加工 ×× 的历史悠久（原 A0030）
	A5　该地区文化具有很强的影响力（原 A0035）
民众印象	B1　该地区民众对外友善（原 B0001）
	B2　该地区民众给人亲切的感觉（原 B0009）
	B3　该地区民众值得信赖（原 B0010）
	B4　该地区民众手艺精湛（原 B0013）

续表

维度		题 项 （21 项）
企业印象	C1	该地区拥有规模较大的××企业（原C0001）
	C2	该地区拥有历史悠久的××企业（原C0004）
	C3	该地区××企业技术水平处于领先地位（原C0009）
	C4	该地区××企业口碑非常好（原C0014）
产品印象	D1	该地区生产的××产品质量有保证（原D0001）
	D2	该地区生产的××产品设计上吸引人（原D0004）
	D3	该地区生产的××产品技术含量高（原D0005）
	D4	该地区生产的××产品工艺精良（原D0007）
产业印象	E1	该地区××产业在全国市场上占有率位于前列（原E0004）
	E2	该地区××产业全国知名（原E0007）
	E3	该地区××产业发展具有规范的专业市场（原E0015）
	E4	该地区××产业成为当地对外宣传的名片（原E0017）

四 预测试

（一）量表类型与尺度

本书以前期初始维度作为测量区域品牌印象的构成要素，采用李克特 5 级量表形式对各题项进行预测试。问卷设计要求被试者根据自己的认知，对每个题项从"1"到"5"进行评分，从"1"到"5"分别表示"非常不同意""不同意""不确定""同意""非常同意"。问卷同时还采集了被试者的年龄、性别、文化程度、所在地区等个人基本情况信息，预测试问卷详见附录 2。

（二）预测试研究对象的确定

本书选取义乌小商品、温州中国鞋都、涪陵榨菜和长白山人参作为区域品牌印象量表开发阶段预测试的研究对象。义乌小商品和温州中国鞋都是典型的非地理依赖型区域品牌，涪陵榨菜和长白山人参是典型的地理依赖型区域品牌。这四个区域品牌分别在各自的行业内占据全国领先的市场份额，生产加工历史悠久，产业规模居行业内首位，每个区域品牌的简要介绍见下文。

（1）义乌小商品区域品牌。浙江省义乌市于1982年建成中国小商品批发城，现今经营范围几乎包括所有日用工业品，共拥有34个行业、1502个大类、32万种商品。该地区的饰品、袜子和玩具产量位于全国前列，工艺品、小五金、眼镜等优势行业出口量占同行业销量的70%以上，是我国最大的小商品出口基地之一。义乌小商品市场发展态势良好，继1991年成交量成为国内专业市场首位后，次年被国家工商行政管理局命名为"浙江省义乌市中国小商品城"，经过多年的发展，"义乌中国小商品城"于2014年11月20日被认定为驰名商标，成为首个获此殊荣的市场。

（2）温州中国鞋都。温州鞋业的腾飞始于家庭手工工厂（作坊），大量皮鞋厂（坊）的出现带动了与制鞋有关的上下游配件产品的生产，相关产业的发展促进了分工精细、合作紧密的专业化加工体系的形成，纵向基本形成了从鞋皮、鞋楦、鞋底到内衬、包头、鞋饰、皮鞋等完整的产业链条，横向形成了一个个专业市场。温州鞋业经过20多年的励精图治，从"火烧武林门"到信誉雪崩，从断腕转型走品牌之路到创建中国鞋都，从产业升级再到如今与世界接轨，多年来，温州鞋业集群拿下"中国鞋都""中国皮都""中国休闲鞋生产基地""中国胶鞋名城""中国鞋都女鞋基地"等诸多金名片。目前全行业拥有国家级各类名牌95个、省级各类名牌94个，总体品牌数位居全国同行业首列。温州鞋革产业规模优势突出、专业分工配套完善、区域品牌效应明显。据统计，截至2015年年底，温州制鞋企业超过4000家，有近30万的鞋类从业人员，鞋革行业年产值突破800亿元，占世界总产量的十分之一，温州俨然成为中国乃至世界最大的鞋类生产基地。

义乌小商品和温州中国鞋都这两个区域品牌，均是改革开放以来，当地政府与企业抓住市场机遇，逐渐形成了产品规模化生产，并在市场竞争中占据较大的市场份额，消费者熟知度很高，但与地理资源要素的依赖程度较弱，是很有代表性的非地理依赖型区域品牌。

（3）涪陵榨菜。涪陵榨菜自 1898 年诞生，是世界三大名腌菜之一，与德国的甜酸甘蓝、欧洲的酸黄瓜齐名，拥有悠久的历史。涪陵榨菜产业已发展成为行业内拥有龙头企业数量最多、榨菜原料青菜头种植面积最大、榨菜产业链条最完善的优势产业，2015 年产量占全国 45.8%，在我国榨菜行业中占有重要地位。1995 年 3 月，涪陵被国家命名为"中国榨菜之乡"；"涪陵榨菜"于 2000 年 4 月被核准注册为地理标志证明商标；于 2005 年通过国家质检总局原产地域产品保护审定；于 2006 年 4 月被核准注册为地理标志证明商标。"涪陵榨菜"地理标志证明商标于 2005 年 1 月 21 日被认定为"重庆市著名商标"；于 2010 年 1 月 15 日被认定为"中国驰名商标"。2014 年，经中国农产品区域公用品牌价值评估课题组评估，"涪陵榨菜"品牌价值约为 132.93 亿元。

（4）长白山人参。据史料记载，长白山人参采挖史有 1660 多年，人参栽培历史至今已有 600 余年，长白山地区特有的气候和良好的地理环境，使该地区生产的人参品质优良、声名远播，成为国内外知名的中国人参之都。长白山地区是人参的主要栽培区，该地区内人参的种植主要分布在通化、白山、延边等市（州），总面积近几年一直基本稳定在 4000 万—5000 万平方米，产品体系中以人参为原料的产品多达 200 多种，例如野山参、水参、白参、红参以及工艺参等。该地区目前年产成品人参产量稳定在 7000 吨左右，达世界产量的 70% 左右，全国产量的 85% 左右。2015 年人参产业产值突破 400 亿元，是吉林省的主导产业。2009 年获国家工商总局批准使用"长白山人参"证明商标，该商标于 2012 年成为"吉林省著名商标"。现今可使用"长白山人参"商标的企业共 21 家，品牌旗下共有产品 108 种。在国际市场上，"长白山人参"申报了马德里联盟 82 个成员国和 10 个特定国的国际商标注册。

涪陵榨菜与长白山人参这两个区域品牌，都是依托当地特有的自然资源，在长期的生产加工历史中逐渐形成产业集群，在集群基础之上形成区域内外消费者普遍认可的公共品牌，具有很强的影响力和竞争力，是地理依赖型中非常具有代表性且消费者广为熟知的区域品牌。

（三）预测试有效问卷的确认标准

在预测试问卷发放之前，本书邀请六位不同学历层次、不同职业背景的消费者填答问卷，让其尽量在放松的状态下填答，逐一记录每份问卷的填答时间。经测试，填答该份问卷的时间均为62—68秒。为保证数据的有效性和准确性，同时本着珍惜样本的原则，本书以60秒填答时间为标准，初步判断被访者的填答态度是否认真，将低于60秒的样本视为无效样本予以剔除。测试填答情况记录及样本描述性统计，见表3–8。

表3–8 预填答样本的情况记录

序号	职业	年龄	性别	受教育程度	填答时间
1	在校本科生	21	男	本科	68 秒
2	在校硕士生	23	女	硕士	65 秒
3	企业管理人员	32	男	硕士	62 秒
4	企业管理人员	38	女	本科	65 秒
5	工厂工人	40	男	专科	66 秒
6	工厂工人	36	女	职高	68 秒

（四）研究设计和数据收集

预测试采用方便抽样原则，面向全国各地消费者，通过微信转发问卷链接、问卷星线上填答的形式进行。选取四个非常具有代表性的区域品牌（义乌小商品、温州中国鞋都、涪陵榨菜和长白山人参）分别进行预测试。受访者点击问卷链接，通过填答问卷设置的筛选题项（是否听说或使用过该产品）后，即可参与调查，完整填答问卷后，被试者会得到一定的积分和微信拼手气红包作为鼓励。预测试共发放问卷1278份，通过筛选题项甄别，实际参与调研人数为1129人，具体情况详见表3-9。按照无效样本的确认标准，剔除无效填答问卷183份，最终回收有效问卷946份，问卷回收有效率为83.79%。预测试的样本基本特征见表3-10。

表3-9　　　　　　　　　　预测试区域品牌样本分布

序号	区域品牌名称	发放数量	参与数量	有效数量	问卷回收率
1	义乌小商品	347	298	248	83.22%
2	温州中国鞋都	283	252	210	83.33%
3	涪陵榨菜	329	310	267	86.13%
4	长白山人参	319	269	221	82.16%
合计		1278	1129	946	83.79%

表3-10　　　　　　　　　　预测试样本基本特征

基本资料	样本特征	频率	占比（%）	基本资料	样本特征	人数	占比（%）
性别	男	434	45.9	职业	公职人员	263	27.8
	女	512	54.1		教师	93	9.8
年龄	20周岁及以下	188	19.9		企业职员	251	26.5
	21—30周岁	382	40.4		工人	15	1.6
	31—40周岁	289	30.5		农民	2	0.2
	41周岁及以上	87	9.2		自由职业者	167	17.7
月收入	2000元及以下	177	18.7		学生	155	16.4
	2001—5000元	353	37.3	所在区域	东北	633	66.9
	5001—8000元	188	19.9		华北	106	11.2
	8001—10000元	74	7.8		西北	14	1.5
	10001元及以上	154	16.3		华东	78	8.2
受教育程度	大学专科以下	58	6.2		华中	41	4.3
	大专或本科	497	52.5		华南	45	4.8
	硕士及以上	391	41.3		西南	29	3.1

五　量表结构分析

本书首先在非地理依赖型区域品牌中选取非常具有代表性的义乌小商品和温州中国鞋都作为测试对象收取数据，进行探索性因子分析，得到一个较为稳定的五因子量表结构。为了验证该量表结构的稳定性以及量表的普适性，本书在地理依赖型区域品牌中选取非常具有代表性的涪陵榨菜和长白山人参作为测试对象收取数据，进行验证性因子分析，分析结果表明量表结构具有较好的稳定性，并且具有普适性。

（一）探索性因子分析

本书采用 SPSS18.0 数据分析软件，对义乌小商品和温州中国鞋都的 458 份有效样本数据进行探索性因子分析（Exploratory Factor Analysis，EFA），找出量表内在结构。从表 3 – 11 中可以看出，量表 KMO 值为 0.937 > 0.7，且 Bartlett's 通过了球形检验（p < 0.001），说明样本数据适宜进行探索性因子分析。随后采用主成分分析法和正交极大旋转法的因子提取法，共提取了 5 个因子，保留因子载荷大于 0.60 且无跨因子载荷的题项，反复进行因子分析，最终删除 6 个题项，得到一个具有 5 个因子 15 个题项的量表结构，累计解释了 76.458% 的方差比例，印证了深度访谈及专家预审量表的研究结果，且 15 个题项较好地分布于各个因子之中，见表 3 – 12。

表 3 –11　　　区域品牌印象的 KMO 和 Bartlett's 球形检验

变量 指标	KMO	近似卡方	df	Sig.
区域品牌印象	0.937	6197.488	210	0.000

因子 1 包含 3 个题项，主要涉及区域品牌所在地区的自然资源、生产该产品的历史及地区文化影响力。这些内容反映了消费者对区域品牌所在地区的印象，因此正式命名为"地区印象"。因子 2 包含 3 个题项，主要涉及产品所在地区的民众对外友善、亲切及受信任程度。这些内容反映了区域品牌所在地区民众给消费者留下的印象，因此正式命名为"民众印象"。因子 3 包含 3 个题项，主要涉及地区内生产该产品的企业规模、技术及历史。这些内容反映了区域内企业给消费者留下的印象，因此正式命名为"企业印象"。因子 4 包含 3 个题项，主要涉及区域品牌产品本身的设计、工艺及技术含量。这些内容反映了区域产品给消费者留下的印象，因此正式命名为"产品印象"。因子 5 包含 3 个题项，主要涉及区域品牌所处产业在国内的知名度、对地区的代表性及在国内市场的占有率。这些内容反映了区域整体产业给消费者留下的印象，因此正式命名为"产业印象"。以上提取的因子及各因子保留的测量题项，均与前期文献研究、专家研讨的结果一致，保证了后续研究的严谨性与科学性。

表 3-12　　　　　　　　区域品牌印象的探索性因子分析（EFA）

题　　　项	因子 1	因子 2	因子 3	因子 4	因子 5
A3 该地区具有独特的自然资源	0.619				
A4 该地区生产加工××的历史悠久	0.652				
A5 该地区文化具有很强的影响力	0.713				
B1 该地区民众对外友善		0.871			
B2 该地区民众给人亲切的感觉		0.850			
B3 该地区民众值得信赖		0.766			
C1 该地区拥有规模较大的××企业			0.861		
C2 该地区拥有历史悠久的××企业			0.776		
C3 该地区××企业技术水平处于领先地位			0.617		
D2 该地区生产的××产品设计上吸引人				0.641	

题　项	因子1	因子2	因子3	因子4	因子5
D3 该地区生产的××产品技术含量高				0.791	
D4 该地区生产的××产品工艺精良				0.768	
E1 该地区××产业在全国市场上占有率位于前列					0.835
E2 该地区××产业全国知名					0.828
E4 该地区××产业成为当地对外宣传的名片					0.788

注：为了量表简洁，因子载荷数值在0.6以下的数据未在表中列示。

（二）验证性因子分析

本书使用 AMOS17.0 对以涪陵榨菜和长白山人参为调查对象的 488 份有效样本进行验证性因子分析（Confirmatory Factor Analysis, CFA），以检验量表的结构效度。本书选择 CMIN、DF、CMIN/DF、GFI、AGFI、CFI 与 RMSER 这 7 项指标来判断模型的拟合程度。一般认为，CMIN 值愈小愈好，DF 值愈大愈好，CMIN/DF 值小于 5，GFI、AGFI 值均大于 0.80，CFI 值大于 0.90 且 RMSER 值小于 0.08，方可说明测量模型拟合良好（侯杰泰等，2004；邱皓政和林碧芳，2012）。从表 3-13 中可以看出，该模型具有良好的拟合优度。

表3-13　　　　　　　　模型拟合度

模型类别	CMIN	DF	CMIN/DF	GFI	AGFI	CFI	RMSEA
区域品牌印象	278.09	80	3.476	0.923	0.885	0.963	0.074

（三）信度检验

本书采用可靠性系数 Cronbach's Alpha 值检验所开发量表的信度，即无偏差程度，该值越高表明量表的内部一致性越高，通常认为该值大于 0.7 则表明量表具有良好的信度水平（Guielfork, 1965）。采用 SPSS18.0 数据分析软件对样本总体及各维度数据分别进行信度分析，得出五个维度的 Cronbach's Alpha 系数分别是 0.751、0.931、0.863、0.884 和 0.858，整个量表的 Cronbach's Alpha 系数是 0.926，均大于 0.7（表 3 - 14），量表的信度得到检验，具有较高的内部一致性。

表 3 - 14　　　　　　　　　区域品牌印象量表信度分析结果

总量表		各维度信度检验				
Cronbach's Alpha 系数	0.926	地区印象	民众印象	企业印象	产品印象	产业印象
		0.751	0.931	0.863	0.884	0.858

（四）效度检验

本书主要从内容效度和结构效度两个方面对量表的效度进行检验。在编制本量表的过程中，为保证所开发量表具有较好的内容效度，本书邀请了同领域的多位专家对题项库进行预审、全程参与、交流探讨。通过测量不同维度之间的相关程度来判别量表的区别效度，良好的区别效度往往具有较低的关联程度。

结构效度包括聚合效度和区别效度，用来比较拟测构念与数据之间的一致性。Bagozzi 和 Yi（1988）指出，聚合效度的衡量可以通过标准化因子载荷、复合信度（CR）和平均变异抽取量（AVE）得以实现，同时提出复合信度高于 0.60，AVE 高于 0.50 是较好的结果。检验结果表明，各构念的复合信度最高为 0.955，最低为 0.792，均大于 0.60；各构念的平均变异抽取量值最高为 0.876，最低为 0.562，均大于 0.50；除地区印象中的"该地区文化具有很强的影响力"外，其他题项的标准化因子载荷均大于 0.70，且达到显著水平，基于此，量表具有良好的聚合效度，如表 3 - 15 所示。

表 3 – 15　　　　区域品牌印象验证性因子分析结果（CFA）

维度	题　　项	标准化因子载荷	T 值	AVE	CR
地区印象	A3 该地区具有独特的自然资源	0.812	—	0.562	0.792
	A4 该地区生产加工××的历史悠久	0.771	15.940		
	A5 该地区文化具有很强的影响力	0.657	12.907		
民众印象	B1 该地区民众对外友善	0.933	—	0.876	0.955
	B2 该地区民众给人亲切的感觉	0.974	43.793		
	B3 该地区民众值得信赖	0.899	33.389		
企业印象	C1 该地区拥有规模较大的××企业	0.834	—	0.740	0.895
	C2 该地区拥有历史悠久的××企业	0.883	22.703		
	C3 该地区××企业技术水平处于领先地位	0.863	21.722		
产品印象	D2 该地区生产的××产品设计上吸引人	0.844	—	0.785	0.916
	D3 该地区生产的××产品技术含量高	0.910	24.972		
	D4 该地区生产的××产品工艺精良	0.902	24.545		
产业印象	E1 该地区××产业在全国市场上占有率位于前列	0.836	—	0.707	0.878
	E2 该地区××产业全国知名	0.879	21.699		
	E4 该地区××产业成为当地对外宣传的名片	0.805	19.222		

　　本书采用比较 AVE 和潜变量相关系数矩阵的方法来判断区别效度，如表 3 – 16 所示。Fornell 和 Larcker（1981）认为良好的区别效度的判断标准通常为 AVE 值的算术平方根明显大于其与其他因子之间的相关系数。

表 3 – 16　　　　区域品牌印象量表区别效度检验

变量	均值	标准差	1	2	3	4	5
地区印象	4.063	0.755	0.747				
民众印象	3.759	0.848	0.521 **	0.936			
企业印象	3.933	0.809	0.550 **	0.517 **	0.860		
产品印象	3.616	0.859	0.445 **	0.504 **	0.516 **	0.886	

续表

变量	均值	标准差	1	2	3	4	5
产业印象	4.037	0.738	0.578 **	0.534 **	0.595 **	0.553 **	0.877

注：** 表示显著性水平为0.01。对角线上的数值是 AVE 的平方根，对角线以上的数值代表潜变量相关系数，对角线以下的数值代表潜变量均值相关系数。

由表 3 - 16 可以看出，对角线上的 AVE 值的算术平方根明显大于其与其他因子的相关系数，因此，本书所开发量表具有良好的区别效度。最终确定的区域品牌印象测量量表如表 3 - 17 所示。

表 3 - 17　　　　　　　　区域品牌印象测量量表

维度	题　项	非常不同意……非常同意				
地区印象	该地区具有独特的自然资源	1	2	3	4	5
	该地区生产加工××的历史悠久	1	2	3	4	5
	该地区文化具有很强的影响力	1	2	3	4	5
民众印象	该地区民众对外友善	1	2	3	4	5
	该地区民众给人亲切的感觉	1	2	3	4	5
	该地区民众值得信赖	1	2	3	4	5
企业印象	该地区拥有规模较大的××企业	1	2	3	4	5
	该地区拥有历史悠久的××企业	1	2	3	4	5
	该地区××企业技术水平处于领先地位	1	2	3	4	5
产品印象	该地区生产的××产品设计上吸引人	1	2	3	4	5
	该地区生产的××产品技术含量高	1	2	3	4	5
	该地区生产的××产品工艺精良	1	2	3	4	5
产业印象	该地区××产业在全国市场上占有率位于前列	1	2	3	4	5
	该地区××产业全国知名	1	2	3	4	5
	该地区××产业成为当地对外宣传的名片	1	2	3	4	5

六　量表开发小结

本部分遵循科学研究程序与方法，首先明确了区域品牌印象的概念内涵，其次遵循文献研究、深度访谈及专家讨论等步骤形成了区域品牌印象的初始量表，通过探索性因子分析、验证性因子分析、信度与效度分析等定量研究方法，开发、检验了区域品牌印象的测量工具。在此过程中，本书得出以下四个基本结论。

（1）本部分研究对区域品牌印象的概念内涵进行了界定，认为区域品牌印象是消费者对区域品牌本身及其公共属性综合的感知，是消费者关于产品本身、产品所在地区、地区民众、产品所处产业及产业内企业等信息的联想加工。

（2）区域品牌印象可通过"地区印象""民众印象""企业印象""产品印象"及"产业印象"五个维度加以表征，全面系统地从其构成角度进行了界定。

（3）本部分研究基于文献理论研究及 18 份访谈文本，形成了区域品牌印象初始量表的题项库，邀请专家评价并讨论确定了维度与测量条目。通过 946 份有效样本数据，采用探索性因子分析、验证性因子分析、信度与效度等定量分析技术方法，开发并检验了包含 5 个维度 15 个题项的区域品牌印象量表，印证了本书初期提出的概念维度。

（4）区域品牌印象作为消费者产品评价及购买意愿的重要影响因素，它们之间的关系如何，这一问题仍然悬而未决。因而，后续研究将以本章所提出的区域品牌印象量表为基础，进一步在理论与实证上做出相应的延伸和拓展。

第三节　消费者地区涉入度的概念界定

一　概念识别

不管是何种涉入度，真正涉入程度的高低，取决于消费者自身对于刺激物所做的解释（Antil，1984）。这种刺激物可以是有形产品、无形服务、品牌、广告，也可以是任何影响购买决策的一种购物情境（冷雄辉，2012）。产品本身对消费者来说就是一种刺激物，消费者感受到的与该产品的关系程度或紧密程度，就是消费者对该产品的涉入度。现有研究已经表明消费者产品涉入度对品牌印象与购买意愿之间存在调节作用（银成钺，2008）。然而本书在前期访谈过程中却发现了一个有趣的现象，即区域品牌印象与消费者购买意愿之间的关系并没有受到产品涉入程度的显著影响，也就是说，对某一类型产品涉入程度非常高的消费者，当问及若对区域品牌印象较好时，是否会影响其对产品的购买意愿时，其回答多数都是不受影响、无所谓或影响较小。按照已有涉入理论，对产品涉入程度越高，品牌印象对购买意愿的影响就越小，无法有效解释上述现象。

上述现象与已有理论之间出现的矛盾，与本书关注点聚焦于区域品牌印象作为自变量是否存在因果关系，需要进一步验证。区域品牌印象与品牌印象最大的差别是前者与产品所在地区联系紧密且具有公共属性。将消费者在产品所属地区的经历作为刺激物时，消费者所感受到与该产品的相关程度或紧密程度，是否会显著影响消费者的购买意愿？该种涉入度应如何命名并清晰界定，其是否同样会调节区域品牌印象与购买意愿之间的关系，本书开展了深度访谈。

二　深度访谈

深度访谈按照受访对象的专业知识背景分为专家学者组和消费者组，专家学者组由两名消费者行为、品牌印象研究领域的知名学者组成，消费者组由十名年龄为18—40岁的消费者组成。访谈采用方便抽样法，选取长春市的消费者为深访对象，且为确保访谈质量，消费者组深访对象均具有本科以上学历。按照事先设定的访谈提纲，选择皮鞋这一类别产品，围绕消费者对皮鞋产品的涉入程度、温州"中国鞋都"区域品牌印象是否会影响购买意愿等内容进行提问，并根据深访对象在实际访谈中的互动情况，对问题进行灵活的调整、不断的追问。

专家学者组的部分访谈内容如下：

"我并不认为产品涉入度是一个能调节区域品牌印象与购买意愿关系的变量，消费者对单体品牌很了解，但不意味着这种了解能扩大到对区域品牌的了解。因此，建议再查找文献寻求理论支撑，或在对消费者的深访中发现现象，挖掘到真正发挥作用的变量。"

"消费者会因为很熟悉鞋类产品，因此当对中国鞋都品牌印象较好的情况下，就增加了购买温州皮鞋的意愿吗？这个逻辑是有问题的。"

"我认为消费者对区域产品所在地区所感受的熟悉程度或紧密程度，能够在区域品牌印象与购买意愿之间起到调节作用。建议寻找这个变量。"

······

访谈发现，专家对产品涉入度是否能够显著调节区域品牌印象与购买意愿之间的关系持怀疑态度，带着这些问题，本书调整了访谈提纲，对消费者组展开了深度访谈。

消费者组的部分访谈内容如下：

"我对皮鞋的样式、皮质自认为还是很了解的啊，每年的新款我都会关注，但不一定买。温州皮鞋？听说过，质量不见得好吧？"

　　"温州皮鞋啊，听过，印象中还不错。"

　　"温州，我去过，公出，大概一个月左右的样子。温州皮鞋呢，还算了解，那边卖皮鞋的很多很多，质量都还不错。如果现在同样价格的鞋子，我肯定选温州皮鞋啦，因为毕竟去过，对那边还算了解一些。"

　　……

　　通过对消费者组的访谈发现，部分对皮鞋产品涉入较高的消费者，比如很了解新款皮鞋的样式、材质等信息，却没有表现出对来自中国鞋都的皮鞋很强烈的购买意愿。反而那些因为出差或旅游等原因去过产品所在地区的消费者，表现出很强烈的购买意愿。在这种现象中，消费者在产品所在地区的经历就是一种刺激物，对产品所在地区的熟悉程度或了解程度等情境作为一个变量起了显著的调节作用，显著影响区域品牌印象与购买意愿之间的关系。即某消费者对某类别产品没有表现出明显的高或低涉入程度，但是由于该名消费者在产品所在地区生活过或因出差、旅游等原因去过此地，区域品牌印象与购买意愿之间的关系就受到显著影响。

　　综合专家学者组与消费者组共同的访谈结果，本书将消费者依据自身与产品所在地区的经历而对产品感受到的相关程度或紧密程度界定为消费者地区涉入度，该变量是在现有理论与深度访谈中析出的重要调节变量，与本书所关注的区域品牌印象与购买意愿之间具有非常重要的关系。消费者在产品所在地区工作生活过、消费者曾因旅游、出差去过产品所在地区等，使消费者对产品所在地区非常了解，表现为高地区涉入度；消费者从未去过该地区、从未听说过该地区等，对产品所在地区非常不了解，表现为低地区涉入度，本书将在后续研究中验证其调节作用。

第四节　消费者地区涉入度的量表修订

现有研究已经开发了较为成熟的涉入度量表（Zaichkowsky，1985；Zaichkowsky，1994；Laurent and Kapferer，1985），并得到广泛认可与应用。该量表的开发初衷是用来测量消费者广告涉入程度的高低对产品与购买意愿之间的调节作用，本书关注的是消费者地区涉入度这一变量，目前没有可以用来直接测量的量表，因此在保证原量表内容效度的基础之上（Smith et al.，2000），通过对较为成熟的涉入度量表进行局部修订，进而形成消费者地区涉入度量表。

一　量表来源

本书第二章对消费者涉入度测量方面的研究进行了文献综述，如前所述，Zaichkowsky（1994）提出的涉入度量表使用最为广泛，如表3－18所示。该量表是在其1985年所提出的涉入度量表基础上的精简量表，原量表有20个题项，精简后的量表在保证较好的信度与效度水平的同时，保留了10个题项。本书邀请英语专业的教师与市场营销专业的博士生共同对这10个题项进行标准的翻译、回译，力求减少并消除语言与文化隔阂。

表3－18　　　　　　　　　　涉入度量表（简化的 PII）

	（评价对象）对我来说：		
1	重要的（important）	_: _: _: _: _: _: _	不重要的（unimportant）
2	令人厌烦的（boring）	_: _: _: _: _: _: _	感兴趣的（interesting）
3	相关的（relevant）	_: _: _: _: _: _: _	不相关的（irrelevant）
4	使人激动的（exciting）	_: _: _: _: _: _: _	单调乏味的（unexciting）

	(评价对象) 对我来说:		
5	毫无意义的 (means nothing)	_:_:_:_:_:_:_	很有意义的 (means a lot to me)
6	有吸引力的 (appealing)	_:_:_:_:_:_:_	无吸引力的 (unappealing)
7	使人陶醉的 (fascinating)	_:_:_:_:_:_:_	很平凡的 (mundane)
8	无价值的 (worthless)	_:_:_:_:_:_:_	有价值的 (valuable)
9	很关注的 (involving)	_:_:_:_:_:_:_	不关注的 (uninvolving)
10	不需要的 (not needed)	_:_:_:_:_:_:_	需要的 (needed)

资料来源: JUDITH LYNNE ZAICHKOWSKY. The Personal Involvement Inventory: Reduction, Revision and Application to Advertising [J]. Journal of Advertising, 1994, 23 (4): 59 – 70.

为了尽量避免上述语意差别量表题目不明确、不容易填答的问题, 本书首先将其转换为李克特 5 级量表。上述量表在开发时主要用于测量消费者广告涉入度, 刺激物 (评价对象) 是广告。本书的刺激物 (评价对象) 是消费者与产品所在地区的经历, 因此在转换过程中, 如果直译, 部分题项明显语意不通。基于此, 本书尽量还原原始量表的开发情境, 对题项可能产生的中文含义, 采用准德尔菲法, 邀请专家 (其中教授 1 名、副教授 2 名、博士生 2 名) 进行讨论, 结合本书关注点进行语意调整, 构成消费者地区涉入度量表的初始量表, 如表 3 – 19 所示。

表 3 – 19　　　　消费者地区涉入度初始量表 (基于简化的 PII)

序号	描述性题项
1	产品所在地区的经历对我来说很重要
2	我对产品所在地区很感兴趣
3	我感觉与产品所在地区的关系紧密
4	在产品所在地区的经历让我很兴奋

续表

序号	描述性题项
5	在产品所在地区的经历对我来说很有意义
6	产品所在地区对我很有吸引力
7	在产品所在地区的经历使我怀念
8	在产品所在地区的经历对我来说很有价值
9	我很关注来自产品所在地区的消息
10	我很了解产品所在地区

二 初始题项净化及修改

为保证量表的内容效度，本书邀请 7 位消费者行为领域的学者（其中包含 1 名教授、3 名副教授、3 名博士生）组成专家组对题项库进行初步净化。首先，专家组通过头脑风暴法评价各题项的代表性，专家评审表与附录 1 格式相同。1 分表示"无代表性"，5 分表示"代表性很强"，对专家代表性评分 < 3.0 分的题项予以删除，以此剔除与消费者地区涉入度关系较弱的题项。其次，请专家指出量表中语义相近的题项。最后，请专家组成员修订一些由专业词汇和晦涩词汇引起的语意模糊的题项，评价编制题目语句的准确程度和清晰性。专家预审之后，本书进行了三方面的调整。第一，删除了题项 1、题项 4 和题项 9 这三个代表性得分较低的题项；第二，根据专家的意见，对部分题项的文字表达方式进行了调整，增强题项的可读性；第三，因所表述内容存在语义重复情况，专家建议将题项 5 和题项 8 进行合并。基于前期理论研究，结合专家组成员的意见和实际问题，经多轮筛选和评定，最终确定 6 个题项用来测量消费者地区涉入度，如表 3 - 20 所示。

表3-20   消费者地区涉入度专家预审后题项

序号	描述性题项
1	我对产品所在地区很感兴趣
2	我与产品所在地区的关系非常紧密
3	在产品所在地区的经历对我来说很有意义
4	产品所在地区对我很有吸引力
5	在产品所在地区的经历使我怀念
6	我很了解产品所在地区

三　预测试

本研究以上述修改后的量表作为测量消费者地区涉入度的工具，同样采用李克特5级量表形式对各项题项进行预测试。预测试同样采用方便抽样原则，面向全国各地消费者，通过微信转发问卷链接、问卷星线上填答的形式进行，与区域品牌印象量表开发的问卷一同发放。答题方式、受访样本与本章第二节内容中提到的样本相同，实际参与调研人数为1148人，最终回收有效问卷946份，问卷回收有效率为82.4%。预测试的样本基本特征见前文表3-9。

四　量表结构分析

(一) 探索性因子分析

本书采用SPSS18.0数据分析软件，对整体有效样本数据进行探索性因子分析 (Exploratory Factor Analysis，EFA)，找出量表内在结构。量表KMO值为0.908 > 0.7，且Bartlett's通过了球形检验 (p < 0.001)，测试结果表明，数据适宜进行探索性因子分析 (见表3-21)。随后采用主成分分析法和正交极大旋转法的因子提取法，提取特征值大于1的因子，仅提取到一个因子，这与原量表认为消费者涉入度是一个单维变量的观点高度一致。各题项的因子载

荷均大于 0.75, 最终得到一个单维具有 6 个题项的量表结构, 累计解释了 73.439% 的方差变异, 印证了深度访谈及专家预审量表的研究结果, 如表 3 - 22 所示。

表 3 - 21　　　　　消费者地区涉入度的 KMO 和 Bartlett's 球形检验

	KMO	近似卡方	df	Sig.
消费者地区涉入度	0.908	4164.814	15	0.000

表 3 - 22　　　　　消费者地区涉入度的探索性因子分析 (EFA)

因子	题　项	因子载荷
消费者地区涉入度	我对产品所在地区很感兴趣	0.754
	我与产品所在地区的关系非常紧密	0.877
	在产品所在地区的经历对我来说很有意义	0.904
	产品所在地区对我很有吸引力	0.863
	在产品所在地区的经历使我怀念	0.899
	我很了解产品所在地区	0.833

(二) 信度与效度检验

本书采用可靠性系数 Cronbach's Alpha 值检验所开发量表的信度, 即无偏差程度, 该值越高表明量表的内部一致性越高, 通常认为该值大于 0.7 则表明量表具有良好的信度水平 (Guielfork, 1965)。采用 SPSS18.0 数据分析软件对样本数据进行信度分析, 检验结果表明, 该量表总体样本的 Cronbach's Alpha 系数是 0.927 > 0.7, 如表 3 - 23 所示。每个测试对象的 Cronbach's Alpha 系数也均大于 0.7, 量表的信度得到检验, 具有较高的内部一致性。

表 3 – 23   消费者地区涉入度的探索性因子分析（EFA）

因子	样本测试对象	Cronbach's α	
消费者地区涉入度	涪陵榨菜	0.930	0.927
	义乌小商品	0.899	
	长白山人参	0.923	
	温州中国鞋都	0.930	

量表的效度检验主要从内容效度和结构效度两方面进行。由于消费者地区涉入度为单维构念，因此修订的量表无法进行验证性因子分析，仅能从内容效度角度进行检验，其与整体模型的适配度将在后续研究中进行检验。在修订、编制本量表的过程中，为保证所开发量表具有较好的内容效度，本书邀请了同领域的多位专家对题项库进行预审、全程参与、交流探讨。最终确定的消费者地区涉入度测量量表如表 3 – 24 所示。

表 3 – 24   消费者地区涉入度测量量表

序号	题　项	非常不同意……非常同意				
1	我对产品所在地区很感兴趣	1	2	3	4	5
2	我与产品所在地区的关系非常紧密	1	2	3	4	5
3	在产品所在地区的经历对我来说很有意义	1	2	3	4	5
4	产品所在地区对我很有吸引力	1	2	3	4	5
5	在产品所在地区的经历使我怀念	1	2	3	4	5
6	我很了解产品所在地区	1	2	3	4	5

五　量表修订小结

本部分遵循科学研究程序与方法，首先通过发现实际现象与现有理论间的矛盾，识别研究问题，采用专家访谈法以及消费者访谈法明确了消费者地区涉入度的概念内涵。其次基于文献研究确定消费者地区涉入度原量表，经翻译、回译、专家研讨等环节形成初始量表。最后通过探索性因子分析、信度与效度分析等定量研究方法对已有量表进行修订，形成了消费者地区涉入度的测量量表。在此过程中，本书得出以下三方面的基本结论。

（1）消费者地区涉入度是消费者依据自身与产品所在地区的经历而对产品感受到的相关程度或紧密程度。

（2）遵循科学研究范式对经典量表PII进行修正，经检验消费者地区涉入度测量量表与原量表结构一致，均是单维，拥有6个测量题项，具有较好的信度与效度水平，成为后续研究测量的有效工具。

（3）消费者地区涉入度是基于本书关注点，即区域品牌印象这一具有公共属性的变量作为自变量，采取定性研究与定量研究相结合的研究方法，在现有理论与深度访谈中析出、界定的重要调节变量，能够贴切地反映实际现象。

第 四 章

理论模型与研究假设

本章依据相关理论构建理论研究模型，对模型中涉及的各变量间逻辑关系进行充分推导与论证，随后提出相关研究假设。

第一节　理论模型的构建

自 1965 年原产国理论提出以来（Schooler，1965），很多研究发现了消费者对于来自不同国家的产品原产国印象感知存在显著差异。近几十年来，已经有很多学者验证了原产国印象对消费者整体产品评价、产品属性信念、品牌态度及行为意向有影响（Samiee，1994；Peterson and Jolibert，1995；Verlegh and Steenkamp，1999）。他们的研究表明，消费者倾向于使用原产国信息作为判断产品质量的外部线索，原产国信息对消费者产品评价具有明显作用。一项关于近 35 年内围绕国家印象为主题发表的 554 篇学术期刊的元分析结果表明，国家印象的相关研究已经逐渐成为跨国企业营销与消费者行为领域的重要研究问题（Lu et al.，2016）。

早期关于检验原产国印象对产品评价作用的研究，几乎一致认为原产国印象被消费者作为用来推断不熟知国外品牌产品质量的直接或间接线索，并将这一现象概括为光环效应（Bilkey and Nes，1982），如图 4-1 所示。随后有学者总结并提炼出光环效应理论贡献：其一，消费者使用国家印象推断产品质量。其二，消费者对产品属性的等级评定受到国家印象的影响（Han，1989）。同时指出了光环效应具有一定的局限性，仅适用于消费者对产品不熟悉的情况下。如果消费者对产品很熟悉，Han（1989）构建了另外一个概括模型，如图 4 - 2 所示，并验证了原产国印象对产品评价的作用。

图 4 - 1 原产国印象的光环效应

资料来源：Han C. M. "Country Image: Halo or Summary Construct?"，*Journal of Marketing Research*，1989，26（2）：222 - 229。

图 4 - 2 原产国印象的概括效应

资料来源：Han C. M. "Country Image: Halo or Summary Construct?"，*Journal of Marketing Research*，1989，26（2）：222 - 229。

关于原产国效应的研究尽管很多，但是对其效应的理解仍然非常不足（Verlegh and Steenkamp，1999）。光环概括模型一经提出，其优缺点及适用条件便被一些学者反复验证，不断扩展并提升（Knight and Calantone，2000）。Knight 和 Calantone（2000）指出光环模型的适用条件是消费者对产品非常不熟悉，原产国印象通过信念影响品牌态度；概括模型的适用条件是消费者对产品比较熟悉，消费者可以提取有关于产品的相关信息，信念通过原产国印象影响品牌态度。这两种情况下，无论信念还是原产国印象作为中介变量，都起的是完全中介作用。但实际上则不然，因此，学者们基于 Han 的光环概括模型，提出了弹性模型，认为无论消费者对产品是否熟悉，国家印象与信念都同时直接对态度产生影响，如图 4 - 3 所示。该模型提供了关于态度形成的所有解释，允许态度直接或间接地通过信念受到国家印象的影响，重点是在同一个框架内验证变量间关系。

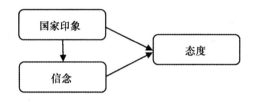

图 4 - 3　国家印象弹性模型

资料来源：Knight G. A. , Calantone R. J. "A Flexible Model of Consumer Country-of-origin Perceptions：A Cross-cultural Investigation", *International Marketing Review*, 2000, 17 (2)：127 - 145。

学者们多次尝试设计一个综合理论，解释产品—国家印象（Product-Country Image）如何影响消费者的态度和购买意愿（Laroche et al. , 2005）。Laroche 等（2005）基于 Han（1989）的光环聚合模型提出了一个类似于弹性模型的国家印象效应模型（见图 4 - 4），该模型与前期研究最大的区别在于将国家印象视为一个多维构念。该模型认为国家印象对产品信念有影响，对产品评价有直接或间接的影响。虽然没有考虑消费者对产品的熟知度，但是国家印象的直接作用即为聚合效应、间接作用即为光环效应。

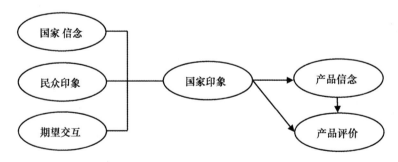

图 4 - 4　国家印象效应模型（一）

资料来源：Laroche M. , Papadopoulos N. , La Heslop, et al. , "The Influence of Country Image Structure on Consumer Evaluations of Foreign Products", *International Marketing Review*, 2005, 22 (1)：96 - 115。

李东进等（2008）将国家印象引入 Fishbein（1975）行为意向模型中，以安钟石等（2003）模型为切入模型进行理论构建（见图4－5），选取 LG、SONY、PHILIPS、长虹四个品牌，研究中国情境下国家印象对消费者购买意愿的影响，并对单一国籍产品和双重国籍产品分别进行了验证。该研究将消费者产品评价划分为功能性评价和象征性评价，并提出前者仅影响品牌态度，后者影响主观规范和品牌态度。

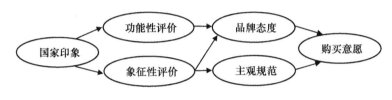

图4－5　国家印象效应模型（二）

资料来源：李东进、安钟石、周荣海等：《基于 Fishbein 合理行为模型的国家形象对中国消费者购买意向影响研究——以美、德、日、韩四国国家形象为例》，《南开管理评论》2008 年第 5 期。

光环聚合效应之所以分为两个模型，主要是考虑到消费者对产品的熟悉度。然而有证据表明，随着对某产品熟悉度的增加，消费者实际上更愿意使用原产国信息，因为这些信息线索使他们感到轻松（Johansson et al.，1985）。Wang 等（2012）认为如果将产品印象从原产国印象中分离出来，分别研究原产国印象与产品印象效应将会解决上述矛盾，所构建的模型如图4－6所示。当对某国某产品不熟悉时，消费者通常会依据感知型国家印象（主要是指国家的经济与技术发展水平）推断产品印象。当对某国某产品非常熟悉时，消费者通常会依据产品印象推断产品质量进而做出购买决策。情感型国家印象（主要是指国家的和平感、友好感、协作感及亲善感）对产品印象有影响，并且对购买意愿产生直接影响，产品印象在二者之间起部分中介作用。

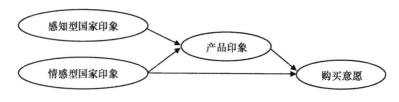

图 4-6 国家印象效应模型（三）

资料来源：Wang C. L., Li D. J., Barnes B. R., et al., "Country Image, Product Image and Consumer Purchase Intention: Evidence from an Emerging Economy", *International Business Review*, 2012, 21 (6): 1041－1051。

还有一些学者将原产国印象、国家印象的理论拓展到地区印象，验证了同一国家内部不同地区印象间存在差异性，地区印象对消费者产品评价与购买意愿均有正向影响（李东进等，2010）。基于前期文献与理论研究，本书将原产国理论拓展到同一国家内部不同区域范围的研究上，以上述三个国家印象效应模型为基础，构建区域品牌印象效应理论模型，如图 4-7 所示。在同一理论框架内探讨区域品牌印象的作用机制，厘清变量间关系。其中，购买意愿是因变量，区域品牌印象是自变量，消费者产品评价是中介变量，区域品牌类型与消费者地区涉入度是调节变量。

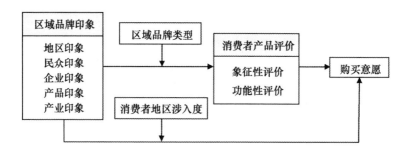

图 4-7 本书理论模型

区域品牌印象是一个多维构念，由地区印象、民众印象、企业印象、产品印象与产业印象构成，分别对购买意愿产生影响。原产国理论中通常以消费者熟悉度或涉入度作为调节变量，研究原产国印象的作用机制。本书经深访后，以消费者对产品所在地区所感受到紧密程度或相关程度，即消费者地区涉入度为调节变量，研究区域品牌印象的作用机制。消费者产品评价划分为功能性评价与象征性评价，在区域品牌印象与购买意愿之间起部分中介作用。同时还考虑了区域品牌类型在区域品牌印象与消费者产品评价之间的调节作用。

第二节　研究假设的提出

一　区域品牌印象对购买意愿的影响

原产国印象、国家印象及地区印象对消费者购买意愿的影响研究已经得到了很多国内外学者的验证，国家印象、产品感知质量与品牌熟悉度被作为衡量消费者购买意愿的预先决定要素（Yunus and Rashid，2016）。关于原产国效应的早期研究表明，国家印象对消费者购买意愿具有直接影响（Rezvani et al.，2012）。从原产国领域的研究结论来看，绝大多数研究以原产国印象作为自变量，验证其与消费者购买意愿之间的关系，对 52 篇原产国印象的实证研究进行元分析，结果表明原产国印象对购买意愿的平均影响值为 0.19（Peterson and Jolibert，1995）。Country of Origin 或 Country Image 通常被国内学者翻译为原产国、原产国印象或国家印象等。从其定义来看，原产国印象指的是产品所在国家或所在地区的印象，在范围界定上并不受地理区划级别的限制。消费者对产品所在国家或地区的印象好，均可以正向影响其购买意愿。比如来自法国的葡萄酒、日本的家电、德国的汽车等，都受到了世界各地消费者的青睐。

Dimara 和 Skuras（2005）以红酒为研究对象，选取 640 名消费者作为被试对象，得出产地信息在所有提供给消费者用于决策的信息中排列第一位，揭示了产品所在地区的信息对产品的重要性。中国地域辽阔，各地区在经济技术发展水平、人文特征等方面都存在显著的差异。李东进等（2010）以天津和上海地区为例，用实证研究方法验证了地区印象对消费者购买意愿有显著影响，呈正相关关系。即地区印象好，消费者对该地区产品的购买意愿则较为强烈。由于本书关注区域品牌印象的作用机制，探索这种具有地方区域特性的公共品牌印象对消费者购买意愿的影响，因此需要构建区域品牌印象与购买意愿之间的关系。

与现有原产国理论相同的是，区域品牌产品与国家产品均为公共品牌，不特指某一具体产品品牌或企业品牌，强调品牌整体印象对消费者产生的影响。与现有原产品理论不同的是，早期关于原产国印象构成的研究，大多认为其为单维构念。后期一些学者从其前因或构成的角度界定国家印象，有的认为其应该包含三个构面，分别是整体国家印象、整体产品印象和类别产品印象（Parameswaran and Pisharodi，1994）；有的学者将其划分为认知型国家印象和情感型国家印象两个构面（Li et al.，2014）；有的还把产品印象从整体印象当中分离出来（Wang et al.，2012）。而区域品牌印象是消费者对区域品牌本身及其公共属性综合的感知，这种感知通常来自消费者对产品所在地区、地区内民众、产品所处产业、产业内企业及产品本身等信息的联想加工。其中产品所在地区印象与原产国理论中感知型国家印象（Cognitive Country Image）类似，指消费者对一个地区资源、经济技术发展水平等方面的印象；产品所在地区内民众印象与原产国理论中情感型国家印象（Affective Country Image）类似，指消费者对一个地区内民众友善、勤劳等方面的印象；产品所在产业印象与类别产品印象（Category Product Image）类似，指消费者对某地区某产业整体印象的感知。而产品所处地区内企业印象及产品本身印象均应包含在区域品牌印象同一个构念内,与地区印象、民众印象、产业印象共同影响消费者购买意愿。

消费者做出购买决策,不仅受到产品所在地区印象与民众印象的影响,而且一提到某个地区,便能联想到该地区从事生产加工某一类别产品的企业数量众多,规模较大,在国内外同行业内知名度较高、市场份额名列前茅、生产历史悠久等,这些积极联想均能够促使消费者做出购买决策。比如说因榨菜而闻名的重庆涪陵,消费者一看到或听到该地区生产的榨菜,就会联想到该地区到处都是生产加工榨菜的企业或手工作坊,农田里遍地种的都是青菜头,榨菜产业规模在国内首屈一指,榨菜产业成为地方经济支柱等。消费者形成的这些较好的产品所在地区企业印象、产业印象及产品印象,均会促使消费者购买。因此,本书提出如下假设:

H1a:地区印象对消费者购买意愿具有正向的影响作用。

H1b:民众印象对消费者购买意愿具有正向的影响作用。

H1c:企业印象对消费者购买意愿具有正向的影响作用。

H1d:产品印象对消费者购买意愿具有正向的影响作用。

H1e:产业印象对消费者购买意愿具有正向的影响作用。

二　消费者地区涉入度的调节作用

营销领域内,涉入度被认为是考察消费者行为的重要调节变量(Keller,1993),高涉入者比低涉入者的产品决策过程更加复杂(Krugman,1965),消费者产品涉入度对消费者购买决策过程中的行为产生影响(Kassarjian,1981),Petty等(1983)认为消费者产品涉入度的高低对他们的信息处理方式以及态度产生影响,并发展出偏好修正模式(ELM)。根据精细加工模型理论,消费者的涉入度是影响路径选择最重要的因素之一。消费者涉入度较低时,原产国效应发挥作用,Agrawal 和 Kamakura(1999)认为消费者有搜索产品信息的意愿，随着所掌握产品信息的增加，涉入程度的提高，会稀释原产国效应。Ahmed 等（2004）以面包和咖啡两个涉入度较低的产品为例，消费者倾向使用原产国信息进行判别；若消费者能够获取产品价格和品牌两个外部线索信息，原产国效应将会弱化，品牌信息将成为决定性因素，印证了 Agrawal 和 Kamakura（1999）的观点。也就是说，消费者涉入度越高，原产国印象对消费者购买意愿的影响越弱。在实际的购物环境中，随着所掌握的产品信息增多，消费者的购买决策越加理性，原产国印象的作用被稀释弱化。

原产国效应理论中以消费者产品涉入度作为调节变量，本书以前期深访过程中识别出的消费者对产品所在地区涉入度作为调节变量，更贴近以区域品牌印象作为自变量的研究框架，能够准确解释消费者依据对产品所在地区所掌握的信息判别产品做出购买决策的过程。消费者地区涉入度指消费者依据自身与产品所在地区的经历而对产品感受到的相关程度或紧密程度。如果消费者从未去过或听说过产品所在地区，对产品所在地区非常不了解，表现为低地区涉入度，消费者仅能依据区域品牌印象这一外部线索对产品进行判别，这种情况下，区域品牌印象对消费者购买意愿的影响较大。消费者在产品所在地区工作生活过，曾因旅游、出差去过产品所在地区等，对产品所在地区非常了解，表现为高地区涉入度，消费者容易唤醒与产品本身有关的其他线索，较少依赖区域品牌印象对该地区产品进行判别。这种情况下，区域品牌印象对购买意愿的影响被弱化。

基于上述推断，消费者地区涉入度对区域品牌印象与购买意愿的关系起负向调节作用，本书提出以下假设：

H2a：消费者地区涉入度调节地区印象对购买意愿的关系。当消费者地区涉入度低时，地区印象对购买意愿的影响较大。

H2b：消费者地区涉入度调节民众印象对购买意愿的关系。当消费者地区涉入度低时，民众印象对购买意愿的影响较大。

H2c：消费者地区涉入度调节企业印象对购买意愿的关系。当消费者地区涉入度低时，企业印象对购买意愿的影响较大。

H2d：消费者地区涉入度调节产品印象对购买意愿的关系。当消费者地区涉入度低时，产品印象对购买意愿的影响较大。

H2e：消费者地区涉入度调节产业印象对购买意愿的关系。当消费者地区涉入度低时，产业印象对购买意愿的影响较大。

三　消费者产品评价的中介作用

消费者对产品进行评价时主要依据基本信息线索，这些线索大体分为两类，即内部线索（Internal Cue）与外部线索（External Cue）。内部线索通常指产品的味道、设计、功效等，外部线索通常指产品价格、品牌名称、原产国印象等（Olson and Jacoby，1972）。Johnson 和 Bruwer（2003）指出消费者依赖品牌名称和原产国印象等外在线索评价产品质量，原产国印象比产品品牌名称对产品评价的影响更大。Laroche 等（2005）在研究国家印象对消费者评价国外产品的影响作用时，首先将国家印象分为三部分进行测量，分别是国家信念、民众影响和期望交互，并用实证研究验证了国家印象与消费者产品评价之间的正向关系。

一项关于原产国效应研究领域的元分析结果表明，原产国效应对消费者产品质量或可靠性方面感知的影响明显大于购买意愿（Peterson and Jolibert，1995）。Verlegh 和 Steenkamp（1999）指出，应该更多地关注消费者对原产国印象象征性与情感性方面的评价。安钟石和吴静芳（2003）将产品评价划分为功能性评价和象征性评价，选取国内外四个较为知名的电子产品品牌，探讨了国家印象对单一国籍产品或双重国籍产品购买行为的影响。李东进等（2008）将功能性评价和象征性评价作为中介变量，研究了国家印象通过二者对消费者购买意愿的影响。

（一）消费者产品象征性评价的中介作用

消费者产品象征性评价（Symbolic Evaluation）指的是产品给消费者带来身份地位等方面的附加联想。比如使用该产品是否让消费者觉得很有面子，消费者是否愿意将该产品作为礼物赠予他人，消费者是否认为该产品应该在更高级的商业经营场所中售卖等联想，都是积极或消极的区域品牌印象赋予该地区内产品的附加象征性评价。无论积极或是消极的区域品牌印象均会影响消费者对产品的象征性评价，使消费者产生购买该产品后可能带来的有关地位方面的联想，从而影响购买意愿。基于上述推断，本书提出以下假设：

H3a：消费者产品象征性评价在地区印象与购买意愿之间起中介作用。

H3b：消费者产品象征性评价在民众印象与购买意愿之间起中介作用。

H3c：消费者产品象征性评价在企业印象与购买意愿之间起中介作用。

H3d：消费者产品象征性评价在产品印象与购买意愿之间起中介作用。

H3e：消费者产品象征性评价在产业印象与购买意愿之间起中介作用。

（二）消费者产品功能性评价的中介作用

消费者产品功能性评价（Functional Evaluation）指的是消费者对产品功能满足自身需求的一种衡量。比如消费者对来自某地区的产品是否信赖，消费者是否认为来自某地区特定产业的产品质量都比较好，消费者感觉使用或食用来自某地区的产品是否安全等，都是积极或消极的区域品牌印象在功能方面给消费者留下的联想。无论积极或是消极的区域品牌印象均会影响消费者对产品的功能性评价，使消费者产生购买该产品后是否能够满足自身对功能方面需求的联想，从而影响购买意愿。基于上述推断，本书提出以下假设：

H4a：消费者产品功能性评价在地区印象与购买意愿之间起中介作用。

H4b：消费者产品功能性评价在民众印象与购买意愿之间起中介作用。

H4c：消费者产品功能性评价在企业印象与购买意愿之间起中介作用。

H4d：消费者产品功能性评价在产品印象与购买意愿之间起中介作用。

H4e：消费者产品功能性评价在产业印象与购买意愿之间起中介作用。

四 区域品牌类型的调节作用

消费者对于一个国家的态度会因为产品类别的不同而异（Nagashima，1970，1977），不同产品类别的原产国印象也具有差异性（Etzel and Walker，1974）。Kaynak 和 Cavusgil（1982）调查了在电子、食品、时尚商品、家庭用品等不同类别产品是否存在原产国认知差异。对加拿大消费者样本进行调查分析表明，除了所调查不同国家间存在质量认知差异外，质量认知也因产品而异。Eroglu 和 Machleit（1989）证实了原产国和产品评价之间的关系可能会因为个人和产品的差异以及产品类别而发生改变。Roth 和 Romeo（1992）将产品类别和国家印象相结合所做的实证研究进一步完善了评价原产国效应受产品类别影响的框架模型，结果显示，产品类别对原产国效应具有比较显著的调节作用。与工业品相比，日常消费品的原产国效应更大（Verlegh and Steenkamp，1999）。国内学者也验证了原产国效应对消费者产品评价的影响受产品类别的调节

（田圣炳，2008；王海忠，2002）。

国家的正面积极印象在一些产品类别中发挥效应，但并不能推论至其他所有类别，受到产品类别与地区匹配度的影响（Ahmed et al.，2004）。牛永革和赵平（2011）依据产品技术革新速度将区域品牌划分为一般性和特殊性两种，通过实证分析从消费者角度验证了不同类别区域品牌对消费者产生的作用存在差异，并得出一般性产业集群区域品牌对消费者存在负向效应、特殊性产业集群区域品牌对消费者存在正向效应的研究结论。从以上研究结论可以看出，不同产品类别、不同品牌类别对原产国效应都存在显著调节作用，差别在于不同学者根据研究主体对产品及品牌的分别标准不同。本书将区域产品与产品所在地区地理资源依赖程度作为划分依据，将区域品牌划分为地理依赖型和非地理依赖型两种类型，分别论证它们对区域品牌印象效应的调节作用。

（一）对地区印象与消费者产品评价关系的调节

地理依赖型区域品牌产品与所在地区的地理要素密不可分，依赖当地特有的原料与工艺传承形成全国甚至全世界知名的区域品牌，离开产品所在地区便无法实现原有的规模化生产及加工工艺水平。非地理依赖型区域品牌产品，大多数均为植入型或嵌入型的生产加工过程，虽然也实现了规模化生产，但产品与所在地区的地理要素关系不大。如果将该地区产业转移至其他地区，同样能够生产出同品质的产品，产品对地理要素依赖性较小。消费者在给定产地的情况下，很容易能联想到地理依赖型区域品牌，比如景德镇瓷器、长白山人参等。因此，能够在漫长的生产加工历史过程中形成全国知名的区域品牌，该地区通常拥有独特的地理资源，所生产的产品质量好、值得信赖并且安全可靠，消费者对其产品评价较高。

基于上述推断，本书提出以下假设：

H5a：区域品牌类型调节地区印象对消费者产品象征性评价的

关系。与非地理依赖型区域品牌相比，地理依赖型区域品牌地区印象对消费者产品象征性评价的影响较大。

H6a：区域品牌类型调节地区印象对消费者产品功能性评价的关系。与非地理依赖型区域品牌相比，地理依赖型区域品牌地区印象对消费者产品功能性评价的影响较大。

（二）对民众印象与消费者产品评价关系的调节

由于非地理依赖型区域品牌所在地区经济发达，区域内民众精明能干、务实重效，区域内人口流动性大，区域内居民对外包容性较强。消费者通常认为这样地区的民众，具有时代引领性，购买或使用该地区民众生产的产品更能满足消费者对身份地位及功能的需求，对这样地区的民众印象能够形成较为一致的看法。与之相比，地理依赖型区域品牌所在地区经济发展情况不一，个别地区虽拥有非常知名的区域品牌，但经济较为落后，比如长白山人参所在地区。这种地区民众通常具有比较鲜明的地区特征和差异性，比如涪陵榨菜所在地区重庆民众勤劳热情、长白山人参所在地区东北民众豪爽奔放等，受消费者认知差异性影响，对地理依赖型区域品牌所在地区民众印象的看法较难统一。因此，与地理依赖型区域品牌相比，非地理依赖型区域品牌民众印象对消费者产品评价的影响较强。

基于上述推断，本书提出以下假设：

H5b：区域品牌类型调节民众印象对消费者产品象征性评价的关系。与地理依赖型区域品牌相比，非地理依赖型区域品牌民众印象对消费者产品象征性评价的影响较大。

H6b：区域品牌类型调节民众印象对消费者产品功能性评价的关系。与地理依赖型区域品牌相比，非地理依赖型区域品牌民众印象对消费者产品功能性评价的影响较大。

（三）对企业印象与消费者产品评价关系的调节

非地理依赖型区域品牌企业与地理依赖型相比，呈现出以下三个特点：第一，多数都是在当地政府的大力引导扶持之下形成规模化生产；第二，多数企业均为现代企业，实现了科学化、规范化管理；第三，单个企业产值均较大，对地方经济贡献较大。而地理依赖型区域品牌企业大多数都是在非常漫长的生产加工过程中形成，集群内少数龙头企业实现了现代化管理，但较多以家族企业、手工作坊形式为主，单个企业平均产值较小。比如佛山陶瓷，在国内同行业内市场份额名列第一，单个企业产值较大，均为现代化管理企业；青岛家电，旗下有海尔、海信、澳柯玛等诸多消费者非常认可的单体品牌，企业印象较好。因此，非地理依赖型区域品牌的企业印象对消费者产品评价影响较大。

基于上述推断，本书提出以下假设：

H5c：区域品牌类型调节企业印象对消费者产品象征性评价的关系。与地理依赖型区域品牌相比，非地理依赖型区域品牌企业印象对消费者产品象征性评价的影响较大。

H6c：区域品牌类型调节企业印象对消费者产品功能性评价的关系。与地理依赖型区域品牌相比，非地理依赖型区域品牌企业印象对消费者产品功能性评价的影响较大。

（四）对产品印象与消费者产品评价关系的调节

非地理依赖型区域品牌产品一般为标准化产品，比如家电、低压电器、灯具等。这样的产品生产加工技术更高、可靠性更强、设计精美、性能稳定，消费者对其产品评价无论是象征性还是功能性都优于地理依赖型。地理依赖型区域品牌产品一般为非标准化产品，比如榨菜、人参等，由于其产品特性，无法保证凡是 3 年的人参重量相等、形状相同，更无法保证每个榨菜头大小一致，产品受很多生长因素影响。消费者对其产品的评价也很难一致。因此，非地理依赖型区域品牌的产品印象对消费者产品评价影响较大。

基于上述推断，本书提出以下假设：

H5d：区域品牌类型调节产品印象对消费者产品象征性评价的关系。与地理依赖型区域品牌相比，非地理依赖型区域品牌产品印象对消费者产品象征性评价的影响较大。

H6d：区域品牌类型调节产品印象对消费者产品功能性评价的关系。与地理依赖型区域品牌相比，非地理依赖型区域品牌产品印象对消费者产品功能性评价的影响较大。

（五）对产业印象与消费者产品评价关系的调节

从地理依赖型区域品牌的形成过程来看，大多数均经历了较长的生产加工历史，从而实现了规模化生产，产品所处产业已经成为该地区的名片。比如，涪陵榨菜自1898年诞生，至今已经有百余年历史；长白山人参采挖史已有1660多年，人参栽培历史至今也已有600余年等。消费者一听到地理依赖型的区域品牌，便能够联想起该地区因该产业而闻名、产业生产加工历史悠久，对其产品的购买意愿较强。而非地理依赖型区域品牌的形成通常为改革开放以来，地方政府结合国家政策与经济状况，大量引入同一产业内企业聚集到该地区，在规模化的生产过程中形成，产业具有可迁徙性、生产时间相对较短。因此，与非地理依赖型区域品牌相比，地理依赖型区域品牌产业印象在消费者心目中根植时间较长，对消费者地位身份及功能需求等方面评价的影响更大。

基于上述推断，本书提出以下假设：

H5e：区域品牌类型调节产业印象对消费者产品象征性评价的关系。与非地理依赖型区域品牌相比，地理依赖型区域品牌产业印象对消费者产品象征性评价的影响较大。

H6e：区域品牌类型调节产业印象对消费者产品功能性评价的关系。与非地理依赖型区域品牌相比，地理依赖型区域品牌产业印象对消费者产品功能性评价的影响较大。

第五章

调研设计与假设检验

　　本章主要回答四个问题：第一，区域品牌印象对消费者购买意愿是否存在影响，影响程度如何？第二，二者之间的关系是否受到消费者地区涉入度的影响？第三，区域品牌印象是否通过消费者产品评价对购买意愿产生影响？第四，对于不同类别的区域品牌，其印象对产品评价的影响是否存在显著差异？针对上述研究问题，本部分研究将分为四个阶段进行。阶段一：检验模型主效应是否成立，即检验区域品牌印象与消费者购买意愿之间的关系（检验假设 H1a—H1e）。阶段二：若主效应存在，检验消费者地区涉入度对二者之间关系的调节作用（检验假设 H2a—H2e）。阶段三：检验消费者产品评价在区域品牌印象与消费者购买意愿之间的中介作用（检验假设 H3a—H3e、H4a—H4e）。阶段四：检验区域品牌类型对区域品牌印象与消费者产品评价之间关系的调节作用（检验假设 H5a—H5e、H6a—H6e）。

第一节　测量工具

　　本书共涉及 5 个核心构念：区域品牌印象、购买意愿、消费者产品评价、区域品牌类型及消费者地区涉入度，各构念定义及测量量表见表 5—1，其中区域品牌印象的测量采用第三章中自主开发的量表；消费者地区涉入度的测量采用第三章中基于涉入度成熟量表修订后的量表；区域品牌类型属于类别变量，具体区分为地理依赖型和非地理依赖型，其调节作用的检验通过在不同类别中选取典型区域品牌为研究对象来实现。本部分重点详述购买意愿与消费者产品评价测量量表的确定，均选取相对成熟、应用广泛，且信度、效度已被证实的量表。

表 5 - 1　　　　　　　　　本书主要构念的测量

构念	定　义	测量量表
区域品牌印象	消费者对区域品牌本身及其公共属性综合的感知，这种感知通常来自消费者对产品所在地区、地区内民众、产品所处产业、产业内企业及产品本身等信息的联想加工	本书自主开发
购买意愿	消费者通过收集相关信息，形成的对某一区域品牌的主观态度，进而影响他们购买该区域品牌产品的可能性	参考 Dodds 等（1991）、王海忠等（2007）、李东进等（2009）所使用的量表
消费者产品评价	消费者对产品功能满足自身需求的衡量及产品给消费者带来身份地位等方面的附加联想	功能性评价的测量参考 Garvin（1984）和 Chao（1993）所使用的量表，象征性评价的测量参考 Li et al.，（2000）所使用的量表
消费者地区涉入度	消费者依据自身与产品所在地区的经历而对产品感受到的相关程度或紧密程度	在 Zaichkowsky（1994）的 PII 量表基础之上修订
区域品牌类型	将区域产品与产品所在地区地理资源依赖程度作为划分依据，将区域品牌划分为地理依赖和非地理依赖两种类型	类别变量，"0"代表地理依赖型，"1"代表非地理依赖型

一 购买意愿的测量

购买意愿（Purchase Intention）表示的是消费者购买某种产品的可能性，根据 Fishbein 和 Ajzen（1975）、Dodds 等（1991）对于顾客购买意愿的研究，本书认为消费者购买意愿即是消费者通过收集相关信息，形成的对某一区域品牌的主观态度，进而影响他们购买该区域品牌产品的可能性。对于购买意愿的测量题项，本书参考了 Dodds 等（1991）、王海忠等（2007）、李东进等（2009）所使用的测量量表，并采用李克特 5 级量表进行打分（对每个题项从"1"到"5"进行评分，其中"1"表示"非常不同意"，"2"表示"不同意"，"3"表示"不确定"，"4"表示"同意"，"5"表示"非常同意"）。经与专家共同研究讨论，并反复修改语义使其适应本书情境，测量题项如表 5-2 所示。

表 5-2 　　　　　　　　　　　消费者购买意愿测量题项

构念	编码	测量题项	来源
购买意愿	I1	我以后还会购买该区域品牌的产品	Dodds 等（1991）、王海忠等（2007）、李东进等（2009）
	I2	当我需要购买此类产品时，首先会考虑该区域品牌	
	I3	我会向亲朋好友推荐该区域品牌产品	

二 消费者产品评价的测量

原产国与国家印象理论是区域品牌研究的重要理论来源（孙丽辉等，2015），以往关于原产国和国家印象的研究中，产品评价大多仅考虑产品功能性评价（李东进等，2010）。李东进等（2008）将国家印象作为新的变量引入 Fishbein 合理行为模型，以美、德、日、韩四个国家的印象为例进行检验，发现国家印象间接影响消费者购买意愿，这种影响程度在不同产品类别之中存在显著差异。在该研究中，他把消费者产品评价划分为功能性评价与象征性评价，这两个构念在理论模型中作为中介变量。产品功能性评价的测量主要参考了 Chao（1993）和 Nagashima（1970&1977）的研究；产品象征性评价的测量主要参考了 Li 等（2000）、安钟石和吴静芳（2003）的研究。此种划分方法适用于以宏观公共区域为研究对象时消费者对区域产品的评价，因此，本书采用此种划分方法。李东进等（2010）以天津和上海为例研究地区印象对消费者购买意愿的影响研究时，对产品评价同样采用上述划分方法，并对其分别进行测量。该研究有效地验证了两地之间地区印象存在显著差异，并且这种差异对消费者产品评价影响显著。

张玲玉等（2007）从广义的角度对产品功能进行了划分，分别是物质功能和精神功能。其中物质功能包括技术功能（性能、可靠性和安全性）、环境功能（人工自然和生存方式）及实用功能（操作性、宜人性和效能）；精神功能包括审美功能（造型美和技术美）、象征功能（集团象征、地位象征和意义象征）及教育功能（陶冶情操和影响思想）。从狭义的角度出发，这种分类方法中物质功能与本书中消费者对产品功能性评价对象一致，精神功能与消费者对产品象征性评价对象一致，支持了本书对消费者产品评价的划分依据。

安钟石和吴静芳（2003）以 C - TV 为例考察中国内需市场上国家印象如何影响消费者产品质量感知以及购买决策的研究，该研究将产品印象划分为产品功能性印象与产品象征性印象。产品功能性印象参照 Han（1988）的研究，采用 6 个测量项目，分别是可信性、低级/高级、技术优秀性、设计、产品性能和经济性；产品象征性印象采用 11 个项目进行测量，分别是成熟感、高档化、诚实感、富裕层、奢侈感、年轻感、进步性、开放性、创新、国际化与他文化的尊重。并得出产品功能性印象仅影响品牌态度，象征性印象影响主观规范和品牌喜好度的研究结论。

Garvin（1984）首先从 5 个研究视角对产品质量进行了定义，并认为产品质量应从 8 个方面进行评价，分别是 performance（性能）、serviceability（服务能力）、reliability（信任）、durability（耐用）、aesthetics（外观设计）、conformance（一致性）、features（产品特点）和 perceived quality（感知质量）。这种评价方法得到了众多学者的认可，Li 等（2000）在研究消费者面对全球采购、多个国家原产地共同影响消费者的反应时，结合了 Garvin 对产品质量评价量表，并加入了对产品象征性评价感知的测量内容。Chao（1993）研究消费者对混合产品的评价时将原产国效应进行了区分，发现消费者对产品设计和质量的评价受到价格、制造地和组装地的影响，特别是制造地与价格显著地交互影响产品质量评级。他提出消费者对于产品设计质量感知应从三方面进行测量，分别是模仿与创新、普通与独特、传统与时尚；消费者对产品质量感知从四方面进行测量，分别是工艺低劣与工艺精良、不值得信赖与值得信赖、不耐用与耐用、质量差与质量好。

Nagashima 分别于 1970 年、1977 年在《营销学报》（*Journal of Marketing*）上发表关于消费者对不同国家产品印象感知的比较研究，他认为消费者产品评价主要由五部分构成，分别是价格与价值、服务与技术、广告与声望、设计与风格及消费者身份象征。该研究不仅比较了消费者对不同国家产品印象的感知，同时还以 8 年的时间跨度为单位测量了消费者对同一国家产品印象不同时间点感知的变化。

Laroche 等（2005）在研究国家印象与消费者产品评价之间的关系时，从可靠、工艺及质量三方面测量消费者产品功能性方面的评价；从是否愿意购买、是否感到骄傲及是否觉得产品满足了和自己一样的人群三方面测量消费者产品象征性方面的评价。该研究中，虽将对消费者产品功能方面的评价命名为产品信念，将对消费者产品象征性方面的评价命名为产品评价，但从测量的实际语义来看，与本书对产品评价的测量含义一致。

按照上述研究对消费者产品评价的划分思路，本书借鉴李东进等（2008）对消费者产品评价的划分方法，其中消费者产品象征性评价的测量参考 Li 等（2000）和 Laroche 等（2005）的研究，消费者产品功能性评价的测量参考 Garvin（1984）、Chao（1993）和 Laroche 等（2005）的研究。为了更好地减少语义差别对调研效果的影响，对于借鉴西方学者使用的量表，均采用双向翻译法，即直接翻译与回译的结合方式，以确保英文量表在中国情境下的合理应用。在此过程中，首先由一名市场营销方向的博士研究生，将英文量表译成中文，然后再由一名英语专业的教师将其回译成英文，随后，本书邀请了两位市场营销研究领域的专家、教授以及三位企业管理专业市场营销研究方向的博士研究生，对原英文、中文译文和回译英文进行集体讨论，最终确定了测度消费者产品象征性评价与消费者产品功能性评价的题项分别为 3 个，如表 5 - 3 所示。由于该构念测量题项借鉴了多位学者的研究，其量表结构将在后续研究中进行检验。

表 5 - 3 消费者产品评价测量

构念	编码	题 项	来源
消费者象征性产品评价	G1	将该产品作为礼物送人，我觉得很有面子	Li 等（2000）和 Laroche 等（2005）
	G2	向朋友展示该产品，我觉得很自豪	
	G3	我认为该产品应在高档商店中售卖	
消费者功能性产品评价	H1	我认为该地区产品值得信赖	Garvin（1984）、Chao（1993）和 Laroche 等（2005）
	H2	我认为该地区产品质量好	
	H3	我认为该地区产品使用（食用）安全	

第二节　调研设计

本书选择问卷调查方法收集数据，这是在营销管理定量研究领域中十分普遍的方法。本书关注的是消费者在区域品牌印象、产品评价、地区涉入度及购买意愿等方面的表现，所涉及的数据均需从消费者层面获取，采用问卷调查法能够有效节约调研时间与人工成本，同时基于问卷调查法良好的匿名性，能够从被访对象处获得更加真实有效的信息。本书依托问卷星平台，在手机端及 PC 端转发问卷链接邀请消费者填答问卷，被试者来自不同地域，分布相对分散，能够得到更为客观的消费者数据，避免了传统问卷调查中被试者在地域范围内相对集中的问题。

一　问卷设计

本书调查问卷主要由三部分构成，第一部分包含卷首语和指导语，卷首语主要向被访对象介绍调查者身份、调查目的和内容，使对方降低戒备心理和紧张情绪，尽量如实地填写问卷。指导语主要是向被访对象介绍填答问卷时应该遵循的原则、方法及注意事项。第二部分包含对 4 个构念 9 个维度测量的 30 个题项。第三部分包含被访对象基本信息的搜集，主要是指年龄、性别、职业、居住地、受教育程度以及月收入等信息。

第二部分中所有题项均采用李克特 5 级量表形式进行评分，对每个题项从"1"到"5"进行评分，从"1"到"5"分别表示"非常不同意""不同意""不确定""同意""非常同意"。在问卷设计过程中，尽量保证语言清晰无误，能被受访者准确理解，且题项长度不超过 20 个字。

确定问卷结构以及内容后，本书邀请吉林大学企业管理专业市场营销方向的博士研究生对问卷题项语义进行预审，并邀请部分MBA 学员进行小范围预测试，对容易产生理解偏差的措辞和表述进行调整，以便被试者更好地理解与填答。正式调研问卷详见附录 3。

二　研究对象

研究假设的外部效度和普适性依赖于研究对象的选择（Aaker，1997），本书采取如下三条标准在全国产业集群区域品牌中抽选研究对象。第一，在地理依赖型与非地理依赖型两个类别中具有代表性、知名度较高的区域品牌；第二，最终产品为消费者生活中较为常见的、消费频次较高的区域品牌；第三，在该行业中占据重要地位的区域品牌。

由于本书要检验不同类型区域品牌的调节作用，因此依据上述标准，在地理依赖型区域品牌中选取长白山人参、在非地理依赖型区域品牌中选取温州中国鞋都作为研究对象。这两个区域品牌的发展历程以及在行业中的代表性等描述已在第三章量表开发中详述。

三　数据收集

在正式问卷发放之前，本书邀请六位不同学历层次、不同职业背景的消费者填答问卷，让其尽量在放松的状态下填答，逐一记录每份问卷的填答时间。经测试，填答该份问卷的时间均为 92—100秒，平均每个问题填答时间约为 3 秒。为保证数据的有效性和准确性，同时本着珍惜样本的原则，本书以 90 秒填答时间为标准，初步判断被访者的填答态度是否认真，将低于 90 秒的样本视为无效样本予以剔除。

正式调研采用方便抽样原则，面向全国各地消费者，通过微信转发问卷链接、问卷星线上填答的形式进行。受访者点击问卷链接，通过填答问卷设置的筛选题项（是否听说或使用过该产品）后，即可参与调查，完整填答问卷后，被试者会得到一定的积分和微信拼手气红包作为鼓励。正式调研共发放问卷 1401 份，通过筛选题项甄别，实际参与调研人数为 1131 人，具体情况详见表 5-4。按照无效样本的确认标准，剔除无效填答问卷 242 份，最终回收有效问卷 889 份，问卷回收有效率为 78.6%。正式测试的样本分布如表 5-4 所示。

表 5-4　　　　　　　　　正式测试区域品牌样本分布

序号	区域品牌名称	发放数量	参与数量	有效数量	回收率	占总样本比例
1	温州中国鞋都	598	486	363	74.69%	40.83%
2	长白山人参	803	645	526	81.55%	59.17%
合计	—	1401	1131	889	78.6%	100%

889 个样本基本特征如表 5-5 所示。其中男性 385 人，占 43.3%；女性 504 人，占 56.7%。从年龄来看，25 周岁及以下 148 人，占 16.6%；26—35 周岁和 36—45 周岁均为 293 人，分别占 33.0%；46 周岁及以上 155 人，占 17.4%。从个人月收入水平来看，2000 元以下的 153 人，占 17.2%；2001—5000 元的 332 人，占 37.3%；5001—8000 元的 231 人，占 26%；8001—10000 元的 58 人，占 6.5%；10001 元以上的 115 人，占 13.0%。

表 5-5　　　　　　　　　正式测试样本基本特征

基本资料	样本特征	频率	占比（%）
性别	男	385	43.3
	女	504	56.7

续表

基本资料	样本特征	频率	占比（%）
年龄	25周岁及以下	148	16.6
	26—35周岁	293	33.0
	36—45周岁	293	33.0
	46周岁及以上	155	17.4
月收入	2000元以下	153	17.2
	2001—5000元	332	37.3
	5001—8000元	231	26.0
	8001—10000元	58	6.5
	10001元以上	115	13.0
受教育程度	大学专科以下	82	9.2
	大专或本科	442	49.7
	硕士及以上	365	41.1
职业	公职人员	207	23.3
	教师	145	16.3
	企业职员	234	26.3
	工人	15	1.7
	农民	12	1.4
	自由职业者	137	15.4
	学生	139	15.6

第三节　数据分析

本部分研究首先通过SPSS18.0软件对各维度进行描述性统计分析，以判断数据的总体结构。消费者产品评价量表借鉴了多位学者的不同测量量表，因此，在验证性因子分析之前对该构念量表进行探索性因子分析，探求内部的因子结构，然后通过验证性因子分析检验整个模型的适配度等指标，最后进行信度与效度分析。

一 描述性分析

在进行其他数据分析之前先对地区印象、民众印象、企业印象、产品印象、产业印象、消费者产品象征性评价、消费者产品功能性评价、消费者购买意愿及消费者地区涉入度等变量进行描述性统计分析，主要包括各题项的均值、标准差、峰度和偏度等，见表5－6。

表5－6　　　　　　　　各维度的描述性统计分析结果

维度	均值	标准差	偏度	峰度
地区印象	3.996	0.816	－0.767	0.742
民众印象	3.739	0.947	－0.379	－0.184
企业印象	3.959	0.830	－0.857	1.355
产品印象	3.489	0.925	－0.060	－0.331
产业印象	4.083	0.768	－0.890	1.605
消费者产品象征性评价	3.571	1.107	－0.494	－0.529
消费者产品功能性评价	3.700	1.007	－0.615	－0.021
消费者购买意愿	3.674	1.034	－0.589	－0.152
消费者地区涉入度	3.388	1.049	－0.148	－0.768

从均值来看，消费者地区涉入度的均值最小，为3.388，产业印象的均值最大，为4.083；标准差在0.768和1.107之间变动；偏度绝对值和峰度绝对值均远低于Kline（1998）给出的偏度绝对值小于3、峰度绝对值小于10的标准，因此可以判断各个构念均符合正态分布，数据适宜进行下一步分析。

二 探索性因子分析

消费者产品评价的测量题项来自Li等（2000）、Garvin（1984）和Chao（1993）等多位学者的不同测量量表，在组合形成测量量表后有必要对量表进行探索性因子分析，观察测量题项之间的内在因子结构。本书对长白山人参和温州中国鞋都的 889 份有效样本数据进行探索性因子分析（Exploratory Factor Analysis，简称 EFA），检验消费者产品评价量表的内在结构。经检验，量表的 KMO 值为 0.901 > 0.7，Bartlett's 球形检验在 0.001 的水平上显著（p < 0.001），结果表明，数据适宜进行探索性因子分析，如表 5 - 7 所示。

表 5 - 7　　　消费者产品评价的 KMO 和 Bartlett's 球形检验

	KMO	近似卡方	df	Sig.
消费者产品评价	0.901	6261.867	15	0.000

本书采用了主成分分析法和正交极大旋转法的因子提取法，根据 Kaiser 准则，提取了 2 个因子，保留因子载荷大于 0.60 且无跨因子载荷的题项，得到一个具有 2 个因子 6 个题项的量表结构，该因子结构累计解释了 89.338% 的方差比例，如表 5 - 8 所示。

表 5 - 8　　　消费者产品评价的探索性因子分析（EFA）

题　项	因子 1	因子 2
G1 将该产品作为礼物送人，我觉得很有面子	0.836	
G2 向朋友展示该产品，我觉得很自豪	0.835	
G3 我认为该产品应在高档商店中售卖	0.762	
H1 我认为该地区产品值得信赖		0.781
H2 我认为该地区产品质量好		0.862
H3 我认为该地区产品使用（食用）安全		0.851

因子 1 包含 3 个题项，用来测量消费者产品象征性评价，包括

消费者对将产品作为礼物送人、向他人展示产品及产品销售地点档次的感受；因子 2 包含 3 个题项，用来测量消费者产品功能性评价，包括产品的可信赖性、质量及安全性。探索性因子分析结果表明量表结构稳定且较为均衡。

三 验证性因子分析

利用 AMOS17.0 软件对整体量表进行验证性因子分析，检验模型拟合度，选择 CMIN、DF、CMIN/DF、GFI、AGFI、CFI 与 RMS-ER 这 7 项指标来判断模型的拟合程度。一般认为 CMIN 值愈小愈好、DF 值愈大愈好、CMIN/DF 小于 5 即可接受模型，较谨慎的接受范围为小于 3。GFI 为适配度指数，AGFI 为调整后适配度指数，均用来表示模型路径图与实际数据有良好的适配度，一般的判别标准为大于 0.80。CFI 为比较拟合系数，一般要求大于 0.90，越接近于 1，模型拟合度越好。RMSER 为渐进残差均方和平方根，该值为 0.05—0.08 表示模型适配度良好，即有合理适配（吴明隆，2010）。分析得到的指标如表 5 – 9 所示，均达到了建议值水平，说明该模型具有良好的拟合优度。

表 5 – 9 模型拟合度

模型类别	CMIN	DF	CMIN/DF	GFI	AGFI	CFI	RMSEA
区域品牌印象影响	1829.843	369	4.959	0.87	0.836	0.948	0.067

四 信度与效度分析

在检验本书所提假设之前，首先对整体样本进行信度分析，采用可靠性系数即 Cronbach's Alpha 系数对信度进行判别，通常认为该值大于 0.7 则表明量表具有良好的信度水平（Nunnally，1978）。采用 SPSS18.0 数据分析软件对总体样本数据进行信度分析，结果如表 5 - 10 所示，整体量表的 Cronbach's Alpha 系数是 0. 973 > 0. 7，量表信度较好，具有较高的内部一致性。

表 5 - 10　　　　　　　　　　　信度分析结果

维度	题　项		Cronbach's α
地区印象	A1 该地区具有独特的自然资源	0.760	0.938
	A2 该地区生产加工××的历史悠久		
	A3 该地区文化具有很强的影响力		
民众印象	B1 该地区民众对外友善	0.949	
	B2 该地区民众给人亲切的感觉		
	B3 该地区民众值得信赖		
企业印象	C1 该地区拥有规模较大的××企业	0.836	0.938
	C2 该地区拥有历史悠久的××企业		
	C3 该地区××企业技术水平处于领先地位		
产品印象	D1 该地区生产的××产品设计上吸引人	0.908	
	D2 该地区生产的××产品技术含量高		
	D3 该地区生产的××产品工艺精良		
产业印象	E1 该地区××产业在全国市场上占有率位于前列	0.862	
	E2 该地区××产业全国知名		
	E3 该地区××产业成为当地对外宣传的名片		
消费者地区涉入度	F1 我对产品所在地区很感兴趣	0.939	0.939
	F2 我与产品所在地区的关系非常紧密		
	F3 在产品所在地区的经历对我来说很有意义		
	F4 产品所在地区对我很有吸引力		
	F5 在产品所在地区的经历使我怀念		
	F6 我很了解产品所在地区		
消费者象征性产品评价	G1 将该产品作为礼物送人，我觉得很有面子	0.921	0.957
	G2 向朋友展示该产品，我觉得很自豪		
	G3 我认为该产品应在高档商店中售卖		
消费者功能性产品评价	H1 我认为该地区产品值得信赖	0.957	
	H2 我认为该地区产品质量好		
	H3 我认为该地区产品使用（食用）安全		

续表

维度	题 项		Cronbach's α
购买意愿	I1 我以后还会购买该区域品牌的产品	0.939	0.939
	I2 当我需要购买此类产品时，首先会考虑该区域品牌		
	I3 我会向亲朋好友推荐该区域品牌产品		

　　量表的效度检验主要包括聚合效度和区别效度。本书通过 A-MOS17.0 统计分析软件计算标准化因子载荷、复合信度（Composite Reliability，CR）和平均变异抽取量（Average Variance Extracted，AVE）来判别量表的聚合效度，如表 5 - 11 所示；通过比较 AVE 和潜变量相关系数矩阵来判断区别效度，如表 5 - 12 所示。

表 5 - 11　　　　　　　　　验证性因子分析结果（CFA）

维度	题 项	标准化因子载荷	T 值	AVE	CR
地区印象	A1 该地区具有独特的自然资源	0.761	—	0.537	0.775
	A2 该地区生产加工××的历史悠久	0.799	24.158		
	A3 该地区文化具有很强的影响力	0.626	18.467		
民众印象	B1 该地区民众对外友善	0.940	—	0.868	0.952
	B2 该地区民众给人亲切的感觉	0.955	57.811		
	B3 该地区民众值得信赖	0.899	47.222		
企业印象	C1 该地区拥有规模较大的××企业	0.727	—	0.631	0.836
	C2 该地区拥有历史悠久的××企业	0.847	23.798		
	C3 该地区××企业技术水平处于领先地位	0.804	22.726		
产品印象	D1 该地区生产的××产品设计上吸引人	0.787	—	0.771	0.91
	D2 该地区生产的××产品技术含量高	0.922	31.563		
	D3 该地区生产的××产品工艺精良	0.919	31.434		
产业印象	E1 该地区××产业在全国市场上占有率位于前列	0.845	—	0.683	0.866
	E2 该地区××产业全国知名	0.852	29.863		
	E3 该地区××产业成为当地对外宣传的名片	0.780	26.486		

续表

维度	题　项	标准化因子载荷	T 值	AVE	CR
消费者地区涉入度	F1 我对产品所在地区很感兴趣	0.749	—	0.725	0.94
	F2 我与产品所在地区的关系非常紧密	0.878	27.873		
	F3 在产品所在地区的经历对我来说很有意义	0.905	28.895		
	F4 产品所在地区对我很有吸引力	0.855	27.018		
	F5 在产品所在地区的经历使我怀念	0.902	28.769		
	F6 我很了解产品所在地区	0.810	25.364		
消费者产品象征性评价	G1 将该产品作为礼物送人,我觉得很有面子	0.929	—	0.806	0.926
	G2 向朋友展示该产品,我觉得很自豪	0.939	51.984		
	G3 我认为该产品应在高档商店中售卖	0.821	35.931		
消费者产品功能性评价	H1 我认为该地区产品值得信赖	0.926	—	0.883	0.956
	H2 我认为该地区产品质量好	0.953	55.698		
	H3 我认为该地区产品使用(食用)安全	0.939	52.839		
购买意愿	I1 我以后还会购买该区域品牌的产品	0.860	—	0.845	0.942
	I2 当我需要购买此类产品时,首先会考虑该区域品牌	0.943	41.959		
	I3 我会向亲朋好友推荐该区域品牌产品	0.952	42.885		

根据 Bagozzi 和 Yi (1988) 的研究,可以通过标准化因子载荷、复合信度(Composite Reliability,CR)和平均变异抽取量(Average Variance Extracted,AVE)来判别量表的聚合效度。复合信度高于 0.60,AVE 高于 0.50 被认为是较好的,由表 5-11 可以看出,本书中各构念的复合信度均大于 0.60,最高为 0.956,最低为 0.775;各构念的 AVE 值均大于 0.50,最高为 0.883,最低为 0.537;所有题项的标准化因子载荷均大于 0.60,且显著,因此,聚合效度得到支持。对于区别效度,通过比较 AVE 和潜变量相关系数矩阵来判断。如果 AVE 值的算术平方根明显大于与其他因子的相关系数,就可以说明量表具有良好的区别效度(Fornell and Larcker,1981)。

由表 5 - 12 可以看出，对角线上的 AVE 值的算术平方根明显大于其与其他变量的相关系数，因此，本书使用量表具有良好的区别效度。

表 5 - 12 　　　　　　　　　区别效度检验

变 量	均值	标准差	1	2	3	4	5	6	7	8	9
地区印象	3.996	0.816	0.733								
民众印象	3.739	0.947	0.629**	0.932							
企业印象	3.959	0.830	0.650**	0.396**	0.794						
产品印象	3.489	0.925	0.619**	0.571**	0.623**	0.878					
产业印象	4.083	0.768	0.665**	0.565**	0.649**	0.640**	0.826				
消费者地区涉入度	3.388	1.049	0.619**	0.732**	0.378**	0.566**	0.561**	0.851			
消费者象征性产品评价	3.571	1.107	0.649**	0.726**	0.390**	0.578**	0.584**	0.798**	0.898		
消费者功能性产品评价	3.700	1.007	0.657**	0.764**	0.433**	0.642**	0.605**	0.730**	0.856**	0.940	
购买意愿	3.674	1.034	0.654**	0.728**	0.428**	0.617**	0.606**	0.750**	0.854**	0.889**	0.919

注：** 表示显著性水平为 0.01。对角线以上的数值是潜变量相关系数，对角线以下的数值是潜变量均值相关系数，对角线上的数值是 AVE 的平方根。

第四节　假设检验

本部分利用 SPSS18.0 统计分析软件进行数据分析，检验第四章中提出的研究假设。

一　区域品牌印象与消费者购买意愿的关系检验

区域品牌印象与消费者购买意愿之间的主效应检验，回归分析结果如表 5 - 13 所示，地区印象对消费者购买意愿的标准化回归系数显著，假设 H1a 通过验证（标准化的 β 值为 0.321，$p < 0.001$）；民众印象对消费者购买意愿的标准化回归系数显著，假设 H1b 通过验证（标准化的 β 值为 0.566，$p < 0.001$）；企业印象对消费者购买意愿的标准化回归系数显著，假设 H1c 通过验证（标准化的 β 值为

0.092，$p < 0.001$）；产品印象对消费者购买意愿的标准化回归系数显著，假设 H1d 通过验证（标准化的 β 值为 0.329，$p < 0.001$）；产业印象对消费者购买意愿的标准化回归系数显著，假设 H1e 通过验证（标准化的 β 值为 0.296，$p < 0.001$）。

表 5 - 13　　　　　　区域品牌印象与消费者购买意愿之间的主效应

	标准化系数	t	Sig.	VIF	R^2	调整的 R^2	F 值
地区印象	0.321	15.820	0.000	1			
民众印象	0.566	27.900	0.000	1			
企业印象	0.092	4.555	0.000	1	0.637	0.635	309.955***
产品印象	0.329	16.216	0.000	1			
产业印象	0.296	14.596	0.000	1			

注：*** 表示显著性水平为 0.001。

二　消费者地区涉入度调节作用的检验

消费者地区涉入度在区域品牌印象与消费者购买意愿之间的调节作用通过分层多元回归分析进行检验。模型 1 检验了地区印象、民众印象、企业印象、产品印象及产业印象对购买意愿的影响作用，模型 2 在模型 1 的基础上增加了调节变量（消费者地区涉入度），模型 3 在模型 2 的基础上增加了自变量与调节变量的交互项（区域品牌印象×消费者地区涉入度）。为了降低自变量、调节变量和自变量与调节变量乘积项之间的多重共线性，本书首先将自变量与调节变量进行标准化处理，然后构建自变量与调节变量的乘积项。标准化处理之后的乘积项是没有改变，也不会改变调节回归的验证过程，只是在一定程度上减少了调节项与其他自变量之间的相关而已（罗胜强和姜嬿，2014）。调节作用的检验模型如下式所示。

消费者购买意愿 $= \beta_0 + \beta_1$ 地区印象 $+ \beta_2$ 民众印象 $+ \beta_3$ 企业印

象 $+\beta_4$ 产品印象 $+\beta_5$ 产业印象 $+\beta_6$ 地区印象$_{(standard)}$ × 消费者地区涉入度$_{(standard)}$ $+\beta_7$ 民众印象$_{(standard)}$ × 消费者地区涉入度$_{(standard)}$ $+\beta_8$ 企业印象$_{(standard)}$ × 消费者地区涉入度$_{(standard)}$ $+\beta_9$ 产品印象$_{(standard)}$ × 消费者地区涉入度$_{(standard)}$ $+\beta_{10}$ 产业印象$_{(standard)}$ × 消费者地区涉入度$_{(standard)}$ $+\beta_{11}$ 消费者地区涉入度

分层多元回归分析结果如表 5 – 14 所示。模型 1 所有变量均在 0.001 水平上显著,证明了主效应的存在。在模型 3 中,民众印象 × 消费者地区涉入度这一交互项的系数在 0.01 的水平上显著,产品印象 × 消费者地区涉入度这一交互项的系数在 0.001 的水平上显著,说明消费者地区涉入度在民众印象与购买意愿、产品印象与购买意愿之间起调节作用。地区印象 × 消费者地区涉入度、企业印象 × 消费者地区涉入度与产业印象 × 消费者地区涉入度交互项系数均不显著,说明消费者地区涉入度在地区印象与购买意愿、企业印象与购买意愿及产业印象与购买意愿之间不起调节作用,假设 H2a、H2c 与 H2e 未通过检验,假设 H2b 与 H2d 的调节作用通过检验,具体的调节方向详见交互作用图。

表 5 – 14　消费者地区涉入度在区域品牌印象与购买意愿之间的调节作用

因变量 / 自变量	回归模型 1		回归模型 2		回归模型 3	
	标准化系数	共线性	标准化系数	共线性	标准化系数	共线性
地区印象	0.321 ***	1	0.225 ***	1.204	0.233 ***	1.510
民众印象	0.566 ***	1	0.371 ***	1.851	0.354 ***	1.938
企业印象	0.092 ***	1	0.076 ***	1.007	0.087 ***	1.065
产品印象	0.329 ***	1	0.225 ***	1.240	0.240 ***	1.301
产业印象	0.296 ***	1	0.206 ***	1.183	0.219 ***	1.411
地区涉入度			0.334 ***	2.507	0.332 ***	2.576
地区印象 × 地区涉入度					0.015	1.318
民众印象 × 地区涉入度					– 0.059 **	1.151

续表

因变量 自变量	回归模型 1		回归模型 2		回归模型 3	
	标准化系数	共线性	标准化系数	共线性	标准化系数	共线性
企业印象×地区涉入度					0.002	1.072
产品印象×地区涉入度					−0.063 ***	1.078
产业印象×地区涉入度					0.025	1.229
R^2	0.637		0.682		0.690	
调整的 R^2	0.635		0.679		0.686	
△R^2			0.045		0.008	
F 值	309.955 ***		314.682 ***		177.186 ***	
△F			123.432 ***		4.563 ***	

注：因变量为购买意愿。＊表示显著性水平为 0.05；＊＊表示显著性水平为 0.01；＊＊＊表示显著性水平为 0.001。

民众印象与消费者地区涉入度的交互作用斜率如图 5—1 所示。从图中可以看出，当消费者地区涉入度低时，民众印象对消费者购买意愿的影响更大（低涉入度情况下的斜率 > 高涉入度情况下的斜率）。即消费者地区涉入度在民众印象与购买意愿间起负向调节作用。假设 H2b 通过检验。

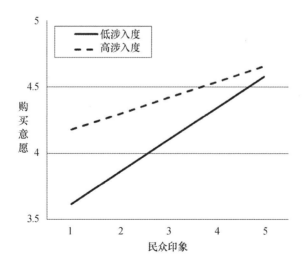

图5—1　民众印象与消费者地区涉入度的交互作用斜率

产品印象与消费者地区涉入度的交互作用斜率如图 5—2 所示。从图中可以看出，当消费者地区涉入度低时，产品印象对消费者购买意愿的影响更大（低涉入度情况下的斜率 > 高涉入度情况下的斜率）。即消费者地区涉入度在产品印象与购买意愿间起负向调节作用。假设 H2d 通过检验。

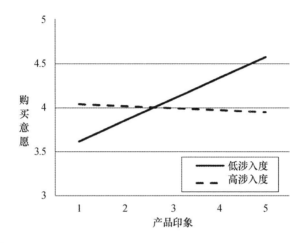

图 5—2　产品印象与消费者地区涉入度的交互作用斜率

三　消费者产品评价中介作用的检验

为了检验消费者产品评价的中介作用，本书构建了两个模型，采用分步线性回归分析的方法，对消费者产品象征性评价和功能性评价在区域品牌印象与购买意愿之间的中介作用分别进行检验。

（一）消费者产品象征性评价中介作用的检验

消费者产品象征性评价的中介作用模型如图 5—3 所示。

回归分析结果如表 5 – 15 所示，地区印象、民众印象、企业印象、产品印象与产业印象对消费者购买意愿均有正向影响（标准化的 β 值依次分别为 0. 321、0. 566、0. 092、0. 329、0. 296，$p <$ 0. 001）。比较回归模型 1 和回归模型 3，当控制了消费者产品象征性评价后，各自变量的回归系数均在 0. 001 的水平上显著对因变量

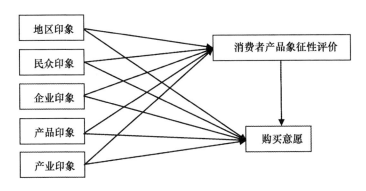

图5—3 消费者产品象征性评价的中介作用模型

产生作用，并且，地区印象对消费者购买意愿的影响作用变小了
(0.321→0.114)，民众印象对消费者购买意愿的影响作用变小了
(0.566→0.224)，企业印象对消费者购买意愿的影响作用变小了
(0.092→0.062)，产品印象对消费者购买意愿的影响作用变小了
(0.329→0.150)，产业印象对消费者购买意愿的影响作用变小了
(0.296→0.125)。因此，从数据分析结果来看，消费者产品象征性
评价在地区印象与购买意愿之间、民众印象与购买意愿之间、企业
印象与购买意愿之间、产品印象与购买意愿之间及产业印象与购买
意愿之间均起部分中介作用，假设 H3a—H3e 得到支持。

表5-15 消费者产品象征性评价的中介作用

自变量 \ 因变量	回归模型 1		回归模型 2		回归模型 3	
	购买意愿		象征性评价		购买意愿	
	标准化系数	VIF	标准化系数	VIF	标准化系数	VIF
地区印象	0.321 ***	1	0.344 ***	1	0.114 ***	1.315
民众印象	0.566 ***	1	0.569 ***	1	0.224 ***	1.864
企业印象	0.092 ***	1	0.050 *	1	0.062 ***	1.007
产品印象	0.329 ***	1	0.298 ***	1	0.150 ***	1.238

续表

	回归模型 1		回归模型 2		回归模型 3	
因变量	购买意愿		象征性评价		购买意愿	
自变量	标准化系数	VIF	标准化系数	VIF	标准化系数	VIF
产业印象	0.296 ***	1	0.286 ***	1	0.125 ***	1.218
象征性评价			0.600 ***	2.664		
R^2	0.637		0.625		0.772	
调整的 R^2	0.635		0.623		0.771	
F 值	309.955 ***		239.923 ***		498.062 ***	

注：因变量为购买意愿。* 表示显著性水平为 0.05；** 表示显著性水平为 0.01；*** 表示显著性水平为 0.001。

经过验证，消费者产品象征性评价的路径图如图 5—4 所示。

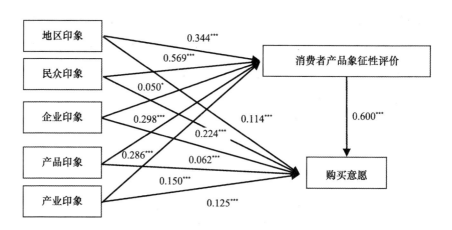

图5—4 消费者产品象征性评价的中介作用路径

（二）消费者产品功能性评价中介作用的检验

消费者产品功能性评价的中介作用模型如图 5—5 所示。

回归分析结果如表 5-16 所示，地区印象、民众印象、企业印象、产品印象与产业印象对消费者购买意愿均有正向影响（标准化的 β 值依次分别为 0.321、0.566、0.092、0.329、0.296，$p <$

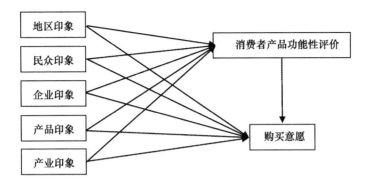

图5—5　消费者产品象征性评价的中介作用模型

0.001）。比较回归模型1和回归模型3，当控制了消费者产品象征性评价后，各自变量的回归系数均在0.001的水平上显著对因变量产生作用，并且，地区印象对消费者购买意愿的影响作用变小了（0.321→0.100），民众印象对消费者购买意愿的影响作用变小了（0.566→0.129），企业印象对消费者购买意愿的影响作用变小了（0.092→0.033），产品印象对消费者购买意愿的影响作用变小了（0.329→0.065），产业印象对消费者购买意愿的影响作用变小了（0.296→0.094）。

表5－16　　　　　　　消费者产品功能性评价的中介作用

自变量 ＼ 因变量	回归模型1		回归模型2		回归模型3	
	购买意愿		功能性评价		购买意愿	
	标准化系数	VIF	标准化系数	VIF	标准化系数	VIF
地区印象	0.321 ***	1	0.304 ***	1	0.100 ***	1.290
民众印象	0.566 ***	1	0.602 ***	1	0.129 ***	2.136
企业印象	0.092 ***	1	0.082 ***	1	0.033 ***	1.021
产品印象	0.329 ***	1	0.363 ***	1	0.065 ***	1.413
产业印象	0.296 ***	1	0.278 ***	1	0.094 ***	1.243
功能性评价			0.726 ***	3.136		

续表

因变量 自变量	回归模型 1		回归模型 2		回归模型 3	
	购买意愿		功能性评价		购买意愿	
	标准化系数	VIF	标准化系数	VIF	标准化系数	VIF
R^2	0.637		0.681		0.805	
调整的 R^2	0.635		0.679		0.804	
F 值	309.955 ***		377.277 ***		606.511 ***	

注：因变量为购买意愿。* 表示显著性水平为 0.05； ** 表示显著性水平为 0.01； *** 表示显著性水平为 0.001。

因此，从数据分析结果来看，消费者产品功能性评价在地区印象与购买意愿之间、民众印象与购买意愿之间、企业印象与购买意愿之间、产品印象与购买意愿之间及产业印象与购买意愿之间均起部分中介作用，假设 H4a—H4e 得到支持。

经过验证，消费者产品功能性评价的路径图如图 5—6 所示。

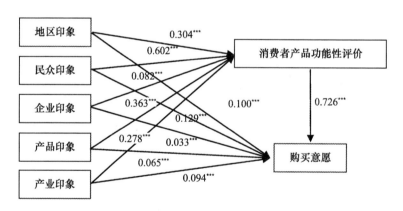

图 5—6　消费者产品功能性评价的中介作用路径

四　区域品牌类型调节作用的检验

本书将区域品牌类型划分为地理依赖型与非地理依赖型两种，并认为其对区域品牌印象与消费者产品评价之间的关系起调节作用

（假设 H5a—H5e、H6a—H6e）。通过分层多元回归分析方法对其作用分别进行检验，设"0"代表地理依赖型区域品牌，"1"代表非地理依赖型区域品牌。

（一）区域品牌类型对区域品牌印象与产品象征性评价之间关系的调节作用

模型 1 检验了地区印象、民众印象、企业印象、产品印象及产业印象对消费者产品象征性评价的影响作用，模型 2 在模型 1 的基础上增加了调节变量（区域品牌类型），模型 3 在模型 2 的基础上增加了自变量与调节变量的交互项（区域品牌印象×区域品牌类型）。为了降低自变量、调节变量和自变量与调节变量乘积项之间的多重共线性，本书首先将自变量与调节变量进行标准化处理，然后构建自变量与调节变量的乘积项，调节作用的检验模型如下式所示。

消费者产品象征性评价 $= \beta_0 + \beta_1$ 地区印象 $+ \beta_2$ 民众印象 $+ \beta_3$ 企业印象 $+ \beta_4$ 产品印象 $+ \beta_5$ 产业印象 $+ \beta_6$ 地区印象$_{(standard)}$ × 区域品牌类型$_{(standard)}$ $+ \beta_7$ 民众印象$_{(standard)}$ × 区域品牌类型$_{(standard)}$ $+ \beta_8$ 企业印象$_{(standard)}$ × 区域品牌类型$_{(standard)}$ $+ \beta_9$ 产品印象$_{(standard)}$ × 区域品牌类型$_{(standard)}$ $+ \beta_{10}$ 产业印象$_{(standard)}$ × 区域品牌类型$_{(standard)}$ $+ \beta_{11}$ 区域品牌类型

分层多元回归分析结果如表 5 - 17 所示，在模型 1 中，地区印象、民众印象、产品印象与产业印象的标准化回归系数在 0.001 水平上显著（标准化的 β 值依次分别为 0.344、0.569、0.298、0.286，$p < 0.001$），企业印象的标准化回归系数在 0.01 水平上显著（标准化的 β 值为 0.050，$p < 0.05$），证明了主效应的存在。在模型 3 中，民众印象×区域品牌类型、产品印象×区域品牌类型及产业印象×区域品牌类型的交互项系数均在 0.001 的水平上显著，说明区域品牌类型在民众印象与产品象征性评价、产品印象与产品象征性评价及产业印象与产品象征性评价之间起调节作用。地区印

象×区域品牌类型与企业印象×区域品牌类型交互项系数均不显著，说明区域品牌类型在地区印象与消费者产品象征性评价、企业印象与消费者产品象征性评价之间不起调节作用。

表5-17　区域品牌类型在区域品牌印象与产品象征性评价之间的调节作用

因变量 自变量	回归模型1		回归模型2		回归模型3	
	标准化系数	VIF	标准化系数	VIF	标准化系数	VIF
地区印象	0.344 ***	1	0.232 ***	1.260	0.212 ***	1.476
民众印象	0.569 ***	1	0.445 ***	1.323	0.412 ***	1.415
企业印象	0.050 *	1	0.083 ***	1.023	0.098 ***	1.060
产品印象	0.298 ***	1	0.313 ***	1.004	0.317 ***	1.075
产业印象	0.286 ***	1	0.276 ***	1.002	0.282 ***	1.054
区域品牌类型			-0.279 ***	1.613	-0.295 ***	1.732
地区印象×区域 品牌类型					-0.029	1.270
民众印象×区域 品牌类型					0.077 ***	1.166
企业印象×区域 品牌类型					-0.026	1.048
产品印象×区域 品牌类型					0.075 ***	1.088
产业印象×区域 品牌类型					-0.069 ***	1.061
R^2	0.625		0.673		0.691	
调整的 R^2	0.623		0.671		0.687	
$\triangle R^2$			0.048		0.018	
F 值	293.923 ***		302.303 ***		178.421 ***	
$\triangle F$			129.813 ***		10.410 ***	

注：因变量为消费者产品象征性评价。* 表示显著性水平为0.05；** 表示显著性水平为0.01；*** 表示显著性水平为0.001。

　　民众印象与区域品牌类型的交互作用斜率如图 5—7 所示。从图中可以看出，与地理依赖型区域品牌相比，非地理依赖型区域品牌民众印象对消费者产品象征性评价的影响更强（非地理依赖型的斜率 > 地理依赖型的斜率）。即区域品牌类型调节民众印象对消费者产品象征性评价的关系，假设 H5b 通过检验。

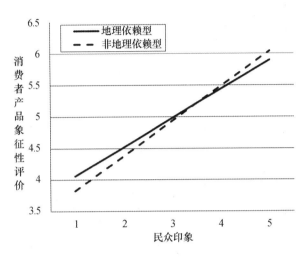

图5—7　民众印象与区域品牌类型的交互作用斜率

　　产品印象与区域品牌类型的交互作用斜率如图 5—8 所示。从图中可以看出，与地理依赖型区域品牌相比，非地理依赖型区域品牌的产品印象对消费者产品象征性评价的影响更强（非地理依赖型的斜率 > 地理依赖型的斜率）。即区域品牌类型调节产品印象对消费者产品象征性评价的关系，假设 H5d 通过检验。

　　产业印象与区域品牌类型的交互作用斜率如图 5—9 所示。从图中可以看出，与非地理依赖型区域品牌相比，地理依赖型区域品牌的产业印象对消费者产品象征性评价的影响更强（地理依赖型的斜率 > 非地理依赖型的斜率）。即区域品牌类型调节产业印象对消费者产品象征性评价的关系，假设 H5e 通过检验。

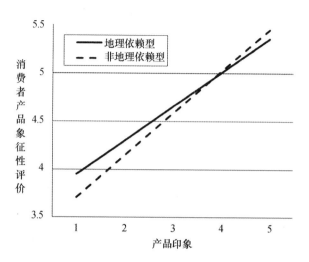

图5—8　产品印象与区域品牌类型的交互作用斜率

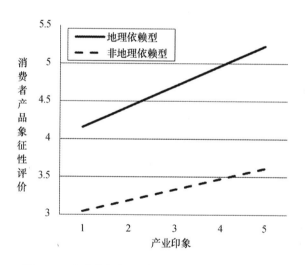

图5—9　产业印象与区域品牌类型的交互作用斜率

（二）区域品牌类型对区域品牌印象与产品功能性评价之间关系的调节作用

模型1检验了地区印象、民众印象、企业印象、产品印象及产业印象对消费者产品功能性评价的影响作用，模型2在模型1的基础上增加了调节变量（区域品牌类型），模型3在模型2的基础上增加了自变量与调节变量的交互项（区域品牌印象×区域品牌类型）。为了降低自变量、调节变量和自变量与调节变量乘积项之间的多重共线性，本书首先将自变量与调节变量进行标准化处理，然后构建自变量与调节变量的乘积项，调节作用的检验模型如下式所示。

消费者产品功能性评价 $= \beta_0 + \beta_1$ 地区印象 $+ \beta_2$ 民众印象 $+ \beta_3$ 企业印象 $+ \beta_4$ 产品印象 $+ \beta_5$ 产业印象 $+ \beta_6$ 地区印象$_{(standard)}$ ×区域品牌类型$_{(standard)}$ $+ \beta_7$ 民众印象$_{(standard)}$ ×区域品牌类型$_{(standard)}$ $+ \beta_8$ 企业印象$_{(standard)}$ ×区域品牌类型$_{(standard)}$ $+ \beta_9$ 产品印象$_{(standard)}$ ×区域品牌类型$_{(standard)}$ $+ \beta_{10}$ 产业印象$_{(standard)}$ ×区域品牌类型$_{(standard)}$ $+ \beta_{11}$ 区域品牌类型

分层多元回归分析结果如表 5 – 18 所示，模型 1 中地区印象、民众印象、企业印象、产品印象与产业印象的标准化回归系数均在 0.001 水平上显著（标准化的 β 值依次分别为 0.304、0.602、0.082、0.363、0.278，$p < 0.001$），证明了主效应的存在。在模型 3 中，地区印象×区域品牌类型的交互项系数在 0.01 的水平上显著，民众印象×区域品牌类型的交互项系数在 0.05 的水平上显著，

表 5 – 18　区域品牌类型在区域品牌印象与产品功能性评价之间的调节作用

因变量 自变量	回归模型 1		回归模型 2		回归模型 3	
	标准化系数	VIF	标准化系数	VIF	标准化系数	VIF
地区印象	0.304 ***	1	0.218 ***	1.260	0.204 ***	1.476
民众印象	0.602 ***	1	0.507 ***	1.323	0.478 ***	1.415
企业印象	0.082 ***	1	0.108 ***	1.023	0.124 ***	1.060
产品印象	0.363 ***	1	0.374 ***	1.004	0.391 ***	1.075
产业印象	0.278 ***	1	0.270 ***	1.002	0.266 ***	1.054
区域品牌类型			– 0.213 ***	1.613	– 0.240 ***	1.732
地区印象×区域 品牌类型					– 0.059 **	1.270

续表

因变量 \ 自变量	回归模型 1		回归模型 2		回归模型 3	
	标准化系数	VIF	标准化系数	VIF	标准化系数	VIF
民众印象 × 区域品牌类型					0.038 *	1.166
企业印象 × 区域品牌类型					0.007	1.048
产品印象 × 区域品牌类型					0.101 ***	1.088
产业印象 × 区域品牌类型					− 0.064 ***	1.061
R^2	0.681		0.709		0.727	
调整的 R^2	0.679		0.707		0.724	
$\triangle R^2$			0.028		0.018	
F 值	377.277 ***		58.689 ***		212.792 ***	
$\triangle F$			129.813 ***		10.410 ***	

注：因变量为消费者产品功能性评价。* 表示显著性水平为 0.05；** 表示显著性水平为 0.01；*** 表示显著性水平为 0.001。

产品印象 × 区域品牌类型及产业印象 × 区域品牌类型的交互项系数均在 0.001 的水平上显著，说明区域品牌类型在地区印象与产品功能性评价、民众印象与产品功能性评价、产品印象与产品功能性评价及产业印象与产品功能性评价之间起调节作用。企业印象 × 区域品牌类型交互项系数不显著，说明区域品牌类型在企业印象与消费者产品功能性评价之间不起调节作用。

地区印象与区域品牌类型的交互作用斜率如图 5—10 所示。从图中可以看出，与非地理依赖型区域品牌相比，地理依赖型区域品牌的地区印象对消费者产品功能性评价的影响更强（地理依赖型的斜率 > 非地理依赖型的斜率）。即区域品牌类型调节地区印象对消费者产品功能性评价的关系，假设 H6a 通过检验。

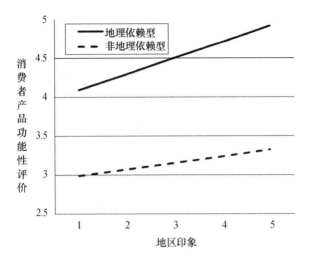

图5—10　地区印象与区域品牌类型的交互作用斜率

民众印象与区域品牌类型的交互作用斜率如图5—11所示。从图中可以看出，与地理依赖型区域品牌相比，非地理依赖型区域品牌的民众印象对消费者产品功能性评价的影响更强（非地理依赖型的斜率＞地理依赖型的斜率）。即区域品牌类型调节民众印象对消费者产品功能性评价的关系，假设H6b通过检验。

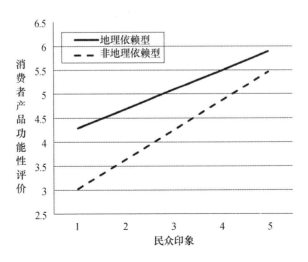

图5—11　民众印象与区域品牌类型的交互作用斜率

　　产品印象与区域品牌类型的交互作用斜率如图5—12所示。从图中可以看出，与地理依赖型区域品牌相比，非地理依赖型区域品牌的产品印象对消费者产品功能性评价的影响更强（非地理依赖型的斜率＞地理依赖型的斜率）。即区域品牌类型调节产品印象对消费者产品功能性评价的关系，假设H6d通过检验。

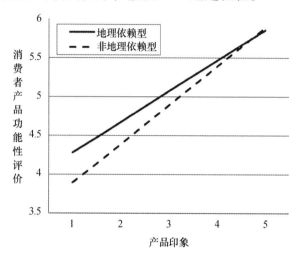

图5—12　产品印象与区域品牌类型的交互作用斜率

　　产业印象与区域品牌类型的交互作用斜率如图5—13所示。从

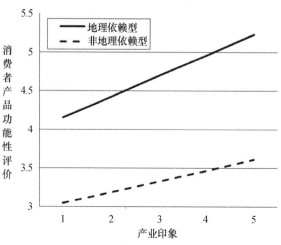

图5—13　产业印象与区域品牌类型的交互作用斜率

图中可以看出，与非地理依赖型区域品牌相比，地理依赖型区域品牌产品印象对消费者产品象征性评价的影响更强（地理依赖型的斜率＞非地理依赖型的斜率）。即区域品牌类型调节产业印象对消费者产品功能性评价的关系，假设 H6e 通过检验。

第五节　假设检验结果汇总

基于上述实证研究结果分析，本书所提出的研究假设大部分都通过了检验，得到了支持。从检验结果来看，区域品牌印象对消费者购买意愿具有显著的正向影响，消费者产品评价在其中发挥了中介作用，区域品牌类型与消费者地区涉入度发挥了显著的调节作用。假设检验的结果汇总如表 5－19 所示。

表 5－19　　　　　　　　　　假设检验结果汇总

假设	假设内容	分析结果
H1a	地区印象对消费者购买意愿具有正向的影响作用	得到数据支持
H1b	民众印象对消费者购买意愿具有正向的影响作用	得到数据支持
H1c	企业印象对消费者购买意愿具有正向的影响作用	得到数据支持
H1d	产品印象对消费者购买意愿具有正向的影响作用	得到数据支持
H1e	产业印象对消费者购买意愿具有正向的影响作用	得到数据支持
H2a	消费者地区涉入度调节地区印象对购买意愿的关系。当消费者地区涉入度低时，地区印象对购买意愿的影响较大	未得到数据支持
H2b	消费者地区涉入度调节民众印象对购买意愿的关系。当消费者地区涉入度低时，民众印象对购买意愿的影响较大	得到数据支持
H2c	消费者地区涉入度调节企业印象对购买意愿的关系。当消费者地区涉入度低时，企业印象对购买意愿的影响较大	未得到数据支持
H2d	消费者地区涉入度调节产品印象对购买意愿的关系。当消费者地区涉入度低时，产品印象对购买意愿的影响较大	得到数据支持
H2e	消费者地区涉入度调节产业印象对购买意愿的关系。当消费者地区涉入度低时，产业印象对购买意愿的影响较大	未得到数据支持

续表

假设	假设内容	分析结果
H3a	消费者产品象征性评价在地区印象与购买意愿之间起中介作用	得到数据支持
H3b	消费者产品象征性评价在民众印象与购买意愿之间起中介作用	得到数据支持
H3c	消费者产品象征性评价在企业印象与购买意愿之间起中介作用	得到数据支持
H3d	消费者产品象征性评价在产品印象与购买意愿之间起中介作用	得到数据支持
H3e	消费者产品象征性评价在产业印象与购买意愿之间起中介作用	得到数据支持
H4a	消费者产品功能性评价在地区印象与购买意愿之间起中介作用	得到数据支持
H4b	消费者产品功能性评价在民众印象与购买意愿之间起中介作用	得到数据支持
H4c	消费者产品功能性评价在企业印象与购买意愿之间起中介作用	得到数据支持
H4d	消费者产品功能性评价在产品印象与购买意愿之间起中介作用	得到数据支持
H4e	消费者产品功能性评价在产业印象与购买意愿之间起中介作用	得到数据支持
H5a	区域品牌类型调节地区印象对消费者产品象征性评价的关系。与非地理依赖型区域品牌相比，地理依赖型区域品牌地区印象对消费者产品象征性评价的影响较大	未得到数据支持
H5b	区域品牌类型调节民众印象对消费者产品象征性评价的关系。与地理依赖型区域品牌相比，非地理依赖型区域品牌民众印象对消费者产品象征性评价的影响较大	得到数据支持
H5c	区域品牌类型调节企业印象对消费者产品象征性评价的关系。与地理依赖型区域品牌相比，非地理依赖型区域品牌企业印象对消费者产品象征性评价的影响较大	未得到数据支持
H5d	区域品牌类型调节产品印象对消费者产品象征性评价的关系。与地理依赖型区域品牌相比，非地理依赖型区域品牌产品印象对消费者产品象征性评价的影响较大	得到数据支持
H5e	区域品牌类型调节产业印象对消费者产品象征性评价的关系。与非地理依赖型区域品牌相比，地理依赖型区域品牌产业印象对消费者产品象征性评价的影响较大	得到数据支持
H6a	区域品牌类型调节地区印象对消费者产品功能性评价的关系。与非地理依赖型区域品牌相比，地理依赖型区域品牌地区印象对消费者产品功能性评价的影响较大	得到数据支持

假设	假设内容	分析结果
H6b	区域品牌类型调节民众印象对消费者产品功能性评价的关系。与地理依赖型区域品牌相比，非地理依赖型区域品牌民众印象对消费者产品功能性评价的影响较大	得到数据支持
H6c	区域品牌类型调节企业印象对消费者产品功能性评价的关系。与地理依赖型区域品牌相比，非地理依赖型区域品牌企业印象对消费者产品功能性评价的影响较大	未得到数据支持
H6d	区域品牌类型调节产品印象对消费者产品功能性评价的关系。与地理依赖型区域品牌相比，非地理依赖型区域品牌产品印象对消费者产品功能性评价的影响较大	得到数据支持
H6e	区域品牌类型调节产业印象对消费者产品功能性评价的关系。与非地理依赖型区域品牌相比，地理依赖型区域品牌产业印象对消费者产品功能性评价的影响较大	得到数据支持

第 六 章

研究结论与展望

第一节 研究结论与讨论

本书的主要内容是通过借鉴原产国印象、品牌印象等领域的理论研究成果，遵循科学规范的量表开发程序，开发区域品牌印象测量量表；构建并验证区域品牌印象与消费者产品评价及购买意愿之间的关系；分别验证消费者地区涉入度、区域品牌类型在核心变量间的调节作用。研究过程中，通过深度访谈、预测试、正式测试等方法收集数据，采用统计分析软件对数据进行分析，验证研究假设。基于理论研究与实证分析结果，共得出以下主要研究结论。

第一，确认了区域品牌印象是一个五维度的可测构念，分别是地区印象、民众印象、企业印象、产业印象与产品印象。本书首次从区域品牌印象构成的角度对各维度进行了全面的界定与区分，该结论意味着区域品牌印象的测量可以从这五个维度进行，不仅是本书后续工作的理论基础，同时也是构建区域品牌印象与其他相关变量之间关系的理论基础，有力地支持了假设 H1a—H1e 的提出与检验。本书主要通过以下步骤确保了该结论的科学性与准确性：首先，通过文献研究识别出这五个维度；其次，通过对深度访谈文本资料进行内容分析，编码结果印证了文献研究的结论；再次，通过邀请专家对初始维度与题项进行评分，确认了上述五个维度；最后，通过对大规模预调研收集数据进行探索性因子分析，同样得到这五个因子，每个题项都按照理论设想归入各个因子。

第二，当地区印象、民众印象、企业印象、产业印象与产品印象五个维度同时作用于消费者时，区域品牌印象正向影响消费者购买意愿，且各维度的重要性由强到弱依次为：民众印象、产品印象、地区印象、产业印象与企业印象。本书在同一个框架内，充分考虑到区域品牌印象各维度同时作用于购买意愿时可能产生的交互影响，验证了各维度与购买意愿的关系，地区印象、民众印象、企业印象、产业印象与产品印象均对消费者购买意愿同时产生正向影响。这意味着消费者在购买区域品牌产品时，同时受到了区域品牌印象所有构成维度作为外部线索的正向影响，任何一个印象维度得到有效提升，都会提高消费者的购买意愿。各维度重要性的验证，使各维度对购买意愿的影响程度得以明确。以往研究未厘清区域品牌印象的构成维度，在验证它对购买意愿的影响时，学者们通常借鉴并直接采用原产国印象或品牌印象的维度划分来构建区域品牌印象与购买意愿之间的关系，并进行验证。该结论避免了这种直接借鉴导致的研究不足，较为全面地从消费者角度了解到区域品牌印象各维度对购买意愿的影响。

第三，消费者产品评价在区域品牌印象与购买意愿之间起中介作用。本书借鉴其他领域对区域印象、区域产品的评价方法，从象征性和功能性两个方面，探究并证实了这种方法更适用于评价具有公共属性的区域品牌产品，并验证其在区域品牌印象与购买意愿之间的中介作用。数据分析结果表明：消费者产品象征性评价与功能性评价的中介作用全部通过检验，即消费者对积极的区域品牌印象会做出较好的象征性评价与功能性评价，购买意愿也会随之提高。该结论发现了区域品牌印象可以通过消费者产品评价影响购买意愿的重要路径，也就是说，区域品牌印象越好，消费者对区域品牌的产品评价越高，相应的购买意愿越强烈。

第四，消费者地区涉入度调节区域品牌印象与购买意愿之间的关系，具体来说，调节民众印象、产品印象与购买意愿之间的关系，即当消费者地区涉入度较低时，民众印象、产品印象对购买意愿的影响较大。当消费者从未去过或听说过产品所在地区时，该地区的民众印象、产品印象对购买意愿的影响较大；当消费者去过或很了解产品所在地区时，该地区的民众印象、产品印象对购买意愿的影响反而较小，消费者依据自身掌握的产品其他信息进行决策。消费者地区涉入度在地区印象、企业印象、产业印象与购买意愿之间的调节作用均未通过检验，即无论消费者对产品所在地区的了解程度、紧密程度高或低，均不能影响地区印象、企业印象、产业印象与购买意愿之间的关系。这可能是由消费者对产品所在地区的刻板印象造成的，例如，产品所在地区的印象在消费者心目中已经形成了初始评价，无论消费者是否去过该地区、对该地区了解与否，都不能影响或很难改变这种初始评价，导致了地区涉入度对区域品牌印象影响购买意愿的关系不显著，本书将在后续进行深入研究。

第五，区域品牌类型调节区域品牌印象与消费者产品评价之间的关系，具体来说，与地理依赖型区域品牌相比，非地理依赖型区域品牌的民众印象、产品印象对产品评价的影响均更大；与非地理依赖型区域品牌相比，地理依赖型区域品牌的地区印象对功能性产品评价的影响更大、产业印象对产品评价的影响更大。该结论意味着地理依赖型与非地理依赖型区域品牌的印象对消费者产品评价的影响存在差异性。这种差异性体现在，区域品牌印象的五个构成维度中，地理依赖型区域品牌在地区印象、产业印象两方面对产品评价的影响更大，非地理依赖型区域品牌在民众印象、产品印象两方面对产品评价的影响更大。区域品牌类型对企业印象与功能性评价、象征性评价关系的调节作用均未通过，可能是由于消费者要么依据公共品牌信息线索，要么依据个体品牌信息线索进行评价，无论是地理依赖型还是非地理依赖型，其企业印象对购买意愿的影响均未因类型不同而呈现出显著差异。此外，区域品牌类型对地区印象与象征性评价关系的调节作用也未通过，可能是因为非地理依赖型区域品牌通常位于经济发达地区，地理依赖型区域品牌通常位于经济欠发达地区，消费者对各自地区的刻板印象干扰了产品评价。

第六，区域品牌印象量表结构稳定，普适性良好，既适用于测量地理依赖型区域品牌，也适用于测量非地理依赖型区域品牌。区域品牌印象量表包含 5 个因子 15 个题项，所有题项均匀分布在每个因子中，结构非常稳定，具有良好的内部一致性。在正式调研中，本书同样在地理依赖型与非地理依赖型区域品牌中各选取 1 个具有代表性的研究对象，使用该量表进行大规模测试。正式数据分析之前的探索性因子分析结果表明，两种类型区域品牌回收数据分析结果一致，因子与题项结果均与预调研一致，验证性因子分析表明量表具有良好的区别效度和聚合效度。也就是说，本书开发的区域品牌印象量表结构稳定，普适性良好，未来可以使用此量表对其他区域品牌印象进行测量。

第二节　理论贡献

本书主要有以下四方面理论贡献。

第一，构建了区域品牌印象效应理论模型，使区域品牌印象与消费者产品评价及购买意愿之间的关系得以验证。本书通过大量的文献研究工作，基于原产国、品牌等相关理论，提出了区域品牌印象效应理论模型，将区域品牌印象视为影响消费者对来自某地区特定产业产品评价的外部线索之一。从消费者微观视角出发，解释了具有公共属性的区域品牌，其印象对消费者产品评价及购买意愿的影响机制，识别并验证了消费者地区涉入度与区域品牌类型对其中核心变量间关系的调节作用。该理论模型的构建与验证，使研究者能够更加清晰地了解具有公共品牌属性的区域品牌印象效应的作用机制，更加充分地认识到消费者对不同类型区域品牌的产品评价具有差异性，更好地解释了区域品牌印象效应。

第二，开发了一套具有普适性的区域品牌印象量表，可以为未来验证区域品牌印象与其他变量关系的研究提供测量工具。由于学界一直未明确区域品牌印象的概念，因此，尚未有较为成熟、内容全面并获得公认的区域品牌印象测量量表，在一定程度上阻滞了与其有关的理论研究。本书经大规模的预测试与正式测试，在不同类型区域品牌中选取具有代表性的研究对象进行反复调研，多次对样本数据的分析表明，本书所开发的区域品牌印象量表，结构稳定，普适性较好，能够成为相关研究的测量工具。

第三，全面系统地识别了区域品牌印象的五维度构成，验证了五个维度同时作用于消费者的情境下区域品牌印象与购买意愿的关系，使区域品牌印象各构成维度对购买意愿的影响程度得以明确。本书识别出地区印象、民众印象、企业印象、产品印象与产业印象共同构成了区域品牌印象，推进了区域品牌印象的基本理论研究。并且充分考虑到这些维度之间可能对消费者产生的交互影响，将它们同时置于一个模型内验证其对购买意愿的影响作用，还原了真实的决策环境，克服了原有研究的不适应性与片面性。厘清区域品牌印象的构成维度，进一步揭示了区域品牌印象对消费者购买意愿影响的内在机制。避免了前人直接采用原产国印象或品牌印象的构成维度来衡量区域品牌印象所带来的偏差。

第四，将消费者产品评价划分为象征性评价与功能性评价的划分方法引入区域品牌印象效应模型，验证其中介作用，使区域品牌产品的评价方法得以明确。本书借鉴区域印象、区域产品领域的评价方法，将消费者产品评价划分为象征性评价与功能性评价，并验证了它们在区域品牌印象与购买意愿之间的中介作用。这种评价方法，能够较为真实地反映消费者对区域品牌产品的决策过程，能够更细致地了解消费者对产品的感知，既考虑产品功能、可靠性等方面，又考虑产品所带来身份、地位等方面的满足感，更适用于评价区域品牌产品。解决了以往研究直接采用消费者对原产国产品或一般品牌产品的评价方法，从消费者对产品的认知、态度及购买意愿，抑或是感知风险、感知价值等角度对区域品牌产品评价进行测量引起的不适应性问题。其中介作用的验证，进一步明确了区域品牌印象对消费者购买意愿作用路径。

第三节　营销启示

本书对实际的营销工作主要有以下两方面的启示。

第一，对于区域内企业经营者来说，可以依据本书所得出的结论制定营销战略与策略。从本书回归分析的显著性水平与路径系数来看，区域品牌印象五个构成维度对购买意愿的影响作用从强到弱依次为民众印象、产品印象、地区印象、产业印象与企业印象。区域内企业可以由此认识到区域品牌印象对购买意愿具有影响作用，了解其作用强度与作用路径，明晰应如何借助并整合区域内良好的民众印象、产品印象与地区印象等资源，制定有针对性的营销策略，提高外部消费者对自身产品的认知与评价。根据消费者地区涉入度调节作用的检验结果可以建议企业，面对不熟悉产品地区的消费者或进入陌生市场时，应注重宣传区域内积极的民众印象与整体产品印象，才能有效提升消费者购买意愿。例如，重庆地区的区域品牌产品跨区域销售产品时就可以多加宣传该地区民众勤劳善良与吃苦耐劳的精神、山东地区的区域品牌产品就可以多加宣传该地区民众质朴能干与豪爽好客的精神等。对于区域内民众印象普遍未获认可或评价较低的地区，企业应避免宣传与该地区民众有关的信息，以免消费者产生较低的产品评价。由本书确立的区域品牌产品评价方法可知，消费者对区域品牌产品的评价不完全遵从感知价值最大化、感知风险最小化的原则，因此，区域内企业应努力提高产品品质及消费者感知到的产品档次，而不是采取低价策略。

第二，对于区域外企业投资者来说，可以依据本书所得出的结论，进行投资决策分析。区域品牌印象是影响消费者购买意愿的重要外部线索之一，区域外投资者选择是否进入已经形成产业集群、区域品牌的地区之前，应使用本书开发量表首先对该地区区域品牌印象进行测量，摸清外部消费者对其印象的评价，科学评判自身的企业印象、产品印象与区域品牌印象之间的匹配程度，从而做出正确决策。本书对区域品牌类型调节作用的验证结果，可以为不同类型产品的企业提供决策参考。对于地理依赖型产品，选址时要尤为注意目标地区的地区印象与产业印象；对于非地理依赖型产品，选址时要尤为注意目标地区的民众印象与产品印象。

第四节　研究局限与展望

本书从消费者微观视角探讨了区域品牌印象效应机制，开发了区域品牌印象测量量表，但还存在一些不足之处。

第一，调查对象选取的局限性。由于本书两次大规模问卷调查均采用方便抽样原则，通过微信转发问卷链接、问卷星线上填答的形式进行。共计2279人次实际参与调研，由于均为微信朋友圈内好友转发链接，被试者虽能持有认真的态度填答问卷，但是朋友圈内好友难免具有较为相似的教育背景，比如正式调研样本中教育背景为大专或本科的被试者占总样本的49.7%，硕士及以上的被试者占总样本的 41.1%。被试者虽来自全国各地，甚至有个别海外华人，但是在地理分布上还是偏于集中在研究者的居住地。被试者具有同样的教育经历或来自同一地区，他们对区域内外的区域品牌印象认知与评价会较为趋同，在一定程度上影响了数据的正态分布，成为本书的局限性之一。在后续研究中，本书将通过扩大调查区域，注重不同区域样本数量间的比重均衡，以消除不同地域、不同受教育水平被试者之间的差异。

第二，研究对象的局限性。本书预调研时选取义乌小商品、温州中国鞋都、涪陵榨菜和长白山人参作为区域品牌印象量表开发阶段的研究对象，正式调研选取温州中国鞋都和长白山人参作为检验区域品牌印象效应阶段的研究对象。研究对象的选取均符合以下三条标准：①在地理依赖型与非地理依赖型两个类别中具有代表性、知名度较高；②最终产品在消费者生活中较为常见、消费频次较高；③在该行业中占据重要地位。为保证所开发量表对地理依赖型与非地理依赖型区域品牌均适用，预调研阶段在两个类型中分别选取两个区域品牌进行测试。受时间与经费所限，正式调研在两个类型中分别选取一个区域品牌进行测试，选取对象数量较少，比较单一，在一定程度上影响了研究结论的普适性，成为本书的局限性之二。在后续研究中，本书将通过增加研究对象数量，在每个区域品牌类型中多选取具有代表性的区域品牌，以进一步提高研究结论的普适性。

第三，研究方法的局限性。本书选取区域品牌印象作为影响消费者产品评价及购买意愿的外部线索，而在实际的过程中，价格、服务等产品属性同样作为外部线索对消费者产品评价及购买意愿产生影响。采用问卷调查法能够有效节约调研时间与人工成本，同时具有良好的匿名性，能够直接从被访对象处获得真实有效的信息。而消费者购买决策是复杂环境下的综合选择，受到诸多因素影响，问卷调查法不能很好地控制住除区域品牌印象以外的其他变量对消费者产品评价及购买意愿的影响，成为本书的局限性之三。在后续研究中，本书将通过尝试实验法与问卷调查法结合，对其他干扰变量进行有效控制，以验证区域品牌印象效应。

延续上述研究思路，未来可能的研究方向可提炼出以下三方面。

第一，引入心理学变量，对消费者心理可能产生的影响进一步剖析。原产国效应领域的部分研究，引入了消费者爱国热情、民族中心主义、刻板印象、民族敌意等变量作为调节变量，探讨它们对原产国印象与购买意愿之间关系的调节作用。如德国汽车给消费者留下工艺精良、生产过程严谨、性能可靠等印象，消费者会将这种印象扩散至所有来自德国的工业品，甚至其他品类。这种作用在区域品牌印象效应中是否同样存在，未经实证研究检验。消费者对来自某地区某类产品较好或较差的评价，是否会扩散至该地区其他产品品类？消费者是否会因为对居住地、家乡的钟爱，或因为对某地区存在偏见、敌意，而忽略区域品牌印象的影响？因此，未来研究有必要引入上述心理学变量，完善区域品牌印象效应模型。

第二，引入其他外部线索，尝试使用实验法，探寻多个外部线索间的交互作用。价格与服务等变量与原产国印象共同作为影响消费者产品评价的外部线索，现有研究多数将上述变量对消费者产品评价的影响分别进行验证，未放在同一个研究框架内检验变量之间的交互作用。研究者通常假设在不考虑价格、服务等因素的情况下，验证原产国印象对消费者购买意愿的正向影响。而消费者实际的购买决策过程比假设复杂得多，原产国印象、价格与服务等因素几乎是同时发生作用，不能割裂开来进行研究。区域品牌印象效应的研究亦是如此，其与产品价格、产品服务等变量之间的关系，上述变量对消费者产品评价的作用关系是否存在差异，均有待验证。

后续研究可以尝试使用实验法，排除干扰变量，设计缜密的实验，以厘清变量之间的关系，更加科学地阐述区域品牌印象效应发生作用的过程。

第三，识别区域品牌印象效应机制模型中的其他调节变量。本书通过文献梳理和实证研究检验证明了消费者地区涉入度在区域品牌印象与购买意愿之间、区域品牌类型在区域品牌印象与消费者产品评价之间的调节作用。但实际上，区域品牌印象效应发挥作用的过程中，区域品牌所在产业与地区匹配度也起到了重要作用，即消费者认为一个地区适于生产产品的种类。比如景德镇地区，在多数消费者看来，该地区历史文化悠久、手工艺世代传承，是中国传统文化的展示窗口，若该地区发展高科技技术产业，则产业与地区匹配度较差，很难得到消费者较好的产品评价。如能验证产业与地区匹配度在区域品牌印象与消费者产品评价之间的调节作用，则能更加清晰地厘定研究框架的应用范围，并为企业异地投资选址提供有效理论依据，为地方政府指定产业发展政策提供决策依据，因此，后续研究将进一步关注类似调节变量的找寻。

参考文献

中文参考文献

安钟石、吴静芳：《中国内需市场上国家形象对消费者购买行为的影响》，李东进、金镛准《21世纪的中国市场——理解与探索》，经济科学出版社2003年版。

陈辉辉、李铃湘、于扬：《我国开发区形象比较及购买意愿研究——以浦东开发区和滨海新区为例》，《中国城市经济》2011年第9期。

成荣敏：《区域形象对其特色产品购买行为作用机理的研究》，博士学位论文，吉林大学，2012年。

范秀成、陈洁：《品牌形象综合测评模型及其应用》，《南开学报》2002年第3期。

付春江：《品牌印象双重表现及其形成和改变机制研究》，博士学位论文，江西师范大学，2013年。

郭国庆、周健明、邓诗鉴：《广告诉求与购买意愿：产品类型、产品涉入的交互作用》，《中国流通经济》2015年第11期。

郭晓凌：《品牌质量差异、消费者产品涉入程度对品牌敏感的影响研究》，《南开管理评论》2007年第3期。

侯杰泰、温忠麟：《结构方程模型及其应用》，教育科学出版社2004年版。

侯旻、吴小丁:《百货店店铺印象中的服务要素测量研究》,《商业经济与管理》2010 年第 8 期。

胡大立、湛飞龙、吴群:《企业品牌与区域品牌的互动》,《经济管理》2006 年第 5 期。

蒋廉雄、朱辉煌、卢泰宏:《区域形象的概念分析及其营销框架》,《中山大学学报》(社会科学版) 2006 年第 5 期。

冷雄辉:《消费者涉入前因、涉入程度与购买意愿间关系的实证研究》,《经济经纬》2012 年第 2 期。

李大垒、仲伟周:《产业集群品牌发展模式转换的实证研究》,《商业经济与管理》2008 年第 8 期。

李东进、安钟石、周荣海等:《基于 Fishbein 合理行为模型的国家形象对中国消费者购买意向影响研究——以美、德、日、韩四国国家形象为例》,《南开管理评论》2008 年第 5 期。

李东进、吴波、武瑞娟:《中国消费者购买意向模型——对 Fishbein 合理行为模型的修正》,《管理世界》2009 年第 1 期。

李东进、武瑞娟、魏善斌:《地区形象对消费者购买意向影响研究——以天津和上海为例》,《管理评论》2010 年第 7 期。

梁海红:《农产品区域品牌形象构成实证研究——以茶叶市场为例》,《开发研究》2013 年第 1 期。

龙成志、沙振权、甘寿国:《快速消费品品牌形象结构模型研究》,《预测》2010 年第 3 期。

罗胜强、姜嬿:《管理学问卷调查研究方法》,重庆大学出版社 2014 年版。

罗子明:《品牌形象的构成及其测量》,《北京工商大学学报》(社会科学版) 2001 年第 4 期。

宁冉:《区域品牌形象塑造的影响因素研究》,《科技资讯》2013 年第 26 期。

牛永革、赵平：《基于消费者视角的产业集群品牌效应研究》，《管理科学》2011 年第 24 卷第 2 期。

欧阳文静、冯蛟：《网络与实体店铺印象维度、感知信任及购买意愿的比较》，《中国流通经济》2013 年第 11 期。

邱皓政、林碧芳：《结构方程模型的原理与应用》，中国轻工业出版社 2009 年版。

荣梅：《来源国形象对消费者购买意向的影响研究》，博士学位论文，山东大学，2013 年版。

盛志勇：《地区形象对消费者产品评价及购买意向的影响研究——以滨海新区、浦东新区、深圳特区为例》，《管理学家》（学术版）2013 年第 3 期。

孙丽辉等：《集群品牌形象效应与影响因素研究》，中国商务出版社 2015 年版。

田圣炳：《原产地营销》，学林出版社 2008 年版。

王海忠：《国际市场产品来源地形象及其规避策略》，《中国工业经济》2002 年第 5 期。

王海忠、王晶雪、何云：《品牌名、原产国、价格对感知质量与购买意向的暗示作用》，《南开管理评论》2007 年第 10 卷第 6 期。

王哲：《产业集群、区域品牌与区域经济转型》，《商业时代》2007 年第 21 期。

王子言：《国家形象对消费者购买意愿影响研究——品牌资产与爱国主义的中介调节作用》，博士学位论文，东北财经大学，2015 年版。

吴明隆：《结构方程模型——AMOS 的操作与应用》（第 2 版），重庆大学出版社 2010 年版。

熊爱华、汪波：《基于产业集群的区域品牌形成研究》，《山东大学学报》（哲学社会科学版）2007 年第 2 期。

许基南：《企业集群中的区域形象品牌》，《经济管理》2002 年第
　　21 期。

许基南、李建军：《基于消费者感知的特色农产品区域品牌形象结
　　构分析》，《当代财经》2010 年第 7 期。

杨建梅、黄喜忠、张胜涛：《区域品牌的生成机理与路径研究》，
　　《科技进步与对策》2005 年第 12 期。

杨杰：《区域形象量表的研制与效度检验：以安徽为例》，《华东经
　　济管理》2008 年第 12 期。

杨楠楠：《我国纺织服装区域品牌类型划分及建设路径——基于产
　　业集群的研究》，《山西财经大学学报》2011 年第 33 卷第 3 期。

杨雪莲、胡正明：《区域品牌形成和成长二阶段理论模型与实证》，
　　《统计与决策》2012 年第 7 期。

银成钺、于洪彦：《品牌形象对品牌延伸评价的影响：消费者产品
　　涉入的调节》，《软科学》2008 年第 2 期。

袁登华、杨双：《品牌印象研究述评》，《心理科学》2012 年第
　　4 期。

袁登华、付春江、罗嗣明：《品牌印象形成与改变的双重加工模型
　　检验》，《心理学报》2014 年第 10 期。

曾建明：《基于系统的角度："区域品牌形象"应作为评价区域竞
　　争力的一个新要素》，《系统科学学报》2010 年第 2 期。

张光辉、黄桂花：《农产品区域品牌与企业品牌协调发展问题探
　　讨》，《南方农村》2013 年第 9 期。

张静、黎未羊：《基于产业集群理论的区域品牌形成与发展实证分
　　析》，《商场现代化》2014 年第 19 期。

张国亭：《产业集群品牌内涵与类型初探》，《中国科技信息》2008
　　年第 21 期。

张玲玉、王维慧、罗怀林等：《现代产品的功能设计》，《包装工

程》2007 年第 7 期。

钟志平、王秀娟：《基于涉入理论的自驾车旅游购物行为实证研究——以少林寺景区为例》，《经济地理》2009 年第 10 期。

周丽、刘钦普：《江苏省区域可持续发展形象评价》，《经济研究导刊》2008 年第 9 期。

朱玉林、康文星：《基于农业产业集群的区域品牌需求与供给分析》，《求索》2006 年第 7 期。

英文参考文献

Aaker D. A. , *Managing Brand Equity：Capitalizing on the Value of a Brand Name*, New York：Free Press, 1991.

Aaker D. A. , *Building Strong Brands*, New York：Free Press, 1996.

Aaker J. L. , "Dimensions of Brand Personality", *Journal of Marketing Research*, 1997, 34 (3)：347 – 356.

Agrawal J. and Kamakura W. A. , "Country of origin：A competitive advantage?", *International Journal of Research in Marketing*, 1999, 16 (4)：255 – 267.

Agarwal S. and Sikri S. , "Country Image-Consumer Evaluation of Product Category Extensions", *International Marketing Review*, 1996, 13 (4)：23 – 39.

Ahmed Z. U. , Johnson J. P. , Yang X. , et al. , "Does Country of Origin Matter for Low-involvement Products?", *International Marketing Review*, 2004, 21 (1)：102 – 120.

Ajzen I. and Fishbein M. , *Understanding Attitudes and Predicting Social Behavior*, New York：PRENTICE-HALL, 1980.

Ajzen I. , "The Theory of Planned Behavior", *Organizational Behavior and Human Decision Processes*, 1991, 50 (2)：179 – 211.

Allman H. F. , Fenik A. P. , Hewett K. , et al. , "Brand Image Valuations: The Interactive Roles of Country of Manufacture, Brand Concept, and Vertical Line Extension Type", *Journal of International Marketing*, 2015, 24 (2): 40 – 61.

Andehn M. , Nordin F. and Nilsson M E, "Facets of Country Image and Brand Equity: Revisiting the Role of Product Categories in Country-of-Origin Effect Research", *Journal of Consumer Behavior*, 2016, 15 (3): 225 – 238.

Andrews J. C. , Durvasula S. and Akhter S. H. , "A Framework for Conceptualizing and Measuring the Involvement Construct in Advertising Research", *Journal of Adver*, 1990, 19 (4): 27 – 40.

Angel Herrero-Crespo, Gutierrez H. S. M. and Garcia-Salmones M. D. M. , "Influence of Country Image on Country Brand Equity: Application to Higher Education Services", *International Marketing Review*, 2016, 33 (5): 691 – 714.

Antil J. H. , "Uses of Response Certainty in Attitude Measurement", *Advances in Consumer Research*, 1983, 10 (4): 409 – 415.

Antil J. , "Conceptualization and Operationalization of Involvement", *Advances in Consumer Research*, 1984, 11 (4): 203 – 209.

Armstrong J. , Morwitz V. and Kumar V. , "Sales Forecasts for Existing Consumer Products and Services: Do Purchase Intentions Contribute to Accuracy", *International Journal of Forecasting*, 2000, 16 (3): 383 – 397.

Arvidsson A. and Caliandro A. , "Brand Public", *Journal of Consumer Research*, 2015, 42 (5): 53.

Bagozzi R. R. and Yi Y. , "On the Evaluation of Structural Equation Models", *Academy of Marketing Science*, 1988, 16 (1): 74 – 94.

Batra R. and Ray M. L. , "Operationalizing Involvement as Depth and

Quality of Cognitive Response", *Advances in Consumer Research*, 1983, 10 (4): 309 – 313.

Batra R. and Homer P. M. , "The Situational Impact of Brand Image Beliefs", *Journal of Consumer Psychology*, 2004, 14 (3): 318 – 330.

Biel A. L. , "How Brand Image Drives Brand Equity", *Journal of Advertising Research*, 1992, 32 (6): 6 – 12.

Bilkey W. J. and Nes E. , "Country-of-Origin Effects on Product Evaluation", *Journal of International Business Studies*, 1982, 13 (1): 89 – 99.

Bloch P. H. and Richins M. L. , "A Theoretical Model for the Study of Product Importance Perceptions", *Journal of Marketing*, 1983, 47 (3): 69 – 81.

Bruwer J. and House M. , "Has the Era of Regional Branding Arrived for the Australian Wine Industry Some Perspectives", *Australian & New Zealand Grapegrower & Winemaker*, 2003 (479): 56 – 61.

Caldieraro F. , "The Role of Brand Image and Product Characteristics on Firms' Entry and OEM Decisions", *Management Science*, 2016, (62): 3327 – 3350.

Chao P. , "Partitioning Country of Origin Effects: Consumer Evaluations of a Hybrid Product", *Journal of International Business Studies*, 1993, 24 (2): 291 – 306.

Chattalas and Michael J. , *The Effects of National Stereotypes on Country of Origin-Based Product Evaluations*, University of New York, 2005.

Chebat J. , El Hedhli K. and Sirgy M. J. , "How Does Shopper-based Mall Equity Generate Mall Loyalty? A Conceptual Model and Empirical Evidence", *Journal of Retailing and Consumer Services*, 2009, 16 (1): 50 – 60.

Chen C. and Chang Y. , "Airline Brand Equity, Brand Preference, and Purchase Intentions—The Moderating Effects of Switching Costs", *Journal of Air Transport Management*, 2008, 14 (1): 40 –42.

Chiang K. and Dholakia R. R. , "Factors Driving Consumer Intention to Shop Online: An Empirical Investigation", *Journal of Consumer Psychology*, 2003, 13 (1&2): 177 –183.

Churchill G. A. , "A Paradigm for Developing Better Measures of Marketing Constructs", *Journal of Marketing Research*, 1979, 16 (1): 64 – 73.

Cohan J. B. , *Involvement: Separating the State From Its Causes and Effects. Working Paper No. 33, Center of Consumer Research*, University of Florida, 1983.

Dimara E. and Skuras D. , "Consumer Demand for Informative Labeling of Quality Food and Drink Products-a European Union Case Study", *Journal of Consumer Marketing*, 2005, 22 (2): 90 –100.

Dodds W. B. , Monroe K. B. and Grewa D. , "Effects of Price, Brand, and Store Information on Buyers' Product Evaluations", *Journal of Marketing Research*, 1991, 28 (3): 307 –319.

Eagly A. H. and Chaiken S. , *The Psychology of Attitudes. // The Psychology of Attitudes*, Harcourt Brace Jovanovich College Publishers, 1993.

Eidelman B. M. , Fakhrutdinova L. R. , Gabdrakhmanov N. K. , et al. , "Ways of Formation of Regional Brands in Modern Conditions", *Academy of Marketing Studies Journal*, 2016, 2 (1): 39 –44.

Eroglu S. A. and Machleit K. A. , "Effects of Individual and Product-specific Variables on Utilising Country of Origin as a Product Quality Cue", *International Marketing Review*, 1989, 6 (6): 27 –41.

Etzel M. J. and Walker B. J. , "Advertising Strategy for Foreign Products Etzel", *Journal of Advertising Research*, 1974, 14 (3): 41 – 44.

Fishbein, M. and Ajzen, I. , *Belief, Attitude, Intention and Behavior: An Introduction to Theory and Research*, Mass: Addison-Wesley, 1975.

Fornell C. and Larcker D. F. , "Evaluating Structural Equation Models with Unobservable Variables and Measurement Error", *Journal of Marketing Research*, 1981, 18 (1): 39 – 50.

Garvin D. A. , "What Does 'Product Quality' Really Mean?", *Sloan Management Review*, 1984, 26 (1): 25 – 42.

Grewal D. , Krishnan R. , Baker J. , et al. , "The Effect of Store Name, Brand Name and Price Discounts on Consumers' Evaluations and Purchase Intentions", *Journal of Retailing*, 1998, 74 (3): 331 – 352.

Grimmer M. and Bingham T. , "Company Environmental Performance and Consumer Purchase Intentions", *Journal of Business Research*, 2013, 66 (10): 1945 – 1953.

Grimmer M. and Woolley M. , "Green Marketing Messages and Consumers' Purchase Intentions: Promoting Personal Versus Environmental Benefits", *Journal of Marketing Communications*, 2014, 20 (4): 231 – 250.

Guielford, J. P. , *Fundamental Statistics in Psychology and Education* (4th ed), New York: McGraw-Hill, 1965.

Gurhan-Canli Z. and Maheswaran D. , "Cultural Variations in Country of Origin Effects", *Journal of Marketing Research*, 2000, 37 (3): 309 – 317.

Han C. M. and Terpstra V. , "Country-Of-Origin Effects For Uni-National And Bi-National", *Journal of International Business Studies*, 1988, 19 (2): 235 – 255.

Han C. M. , "The Role of Consumer Patriotism in the Choice of Domestic

Versus Foreign Products", *Journal of Advertising Research*, 1988, 28 (3): 25 – 32.

Han C. M. , "Country Image: Halo or Summary Construct", *Journal of Marketing Research*, 1989, 26 (2): 222 – 229.

Hankinson G. , *Rethinking the Place Branding Construct*, Springer International Publishing, 2015.

Hong S. and Wyer R. S. , "Effects of Country-of-Origin and Product-Attribute Information on Product Evaluation: An Information Processing Perspective", *Journal of Consumer Research*, 1989, 16 (2): 175 – 187.

Houston M. J. and Rothschild M. L. , "A Paradigm for Research on Consumer Involvement", *Journal of International Marketing*, 1977, 11 (77): 46 – 49.

Hsu T. H. and Lee M. , "The Refinement of Measuring Consumer Involvement-An Empirical Study", *Competitiveness Review*, 2003, 13 (1): 56 – 65.

Hupfer N. T. and Gardner D. M. , *Differential Involvement with Products and Issues : an Exploratory Study / BEBR No. 21//* Association for Consumer Research, 1971.

Jacoby J. , Szybillo G. J. and Busato-Schach, "Information Acquisition Behavior in Brand Choice Situations", *Journal of Consumer Research*, 1977, 3 (4): 209 – 216.

Johansson J. K. , Douglas S. P. and Nonaka I. , "Assessing the Impact of Country of Origin on Product Evaluations: A New Methodological Perspective", *Journal of Marketing Research*, 1985, 22 (4): 388 – 396.

Johnson R. and Bruwer J. , "Regional Brand Image and Perceived Wine Quality: The Consumer Perspective", *International Journal of Wine Business Research*, 2007, 19 (4): 276 – 297.

Johnson T. and Bruwer J. , "An Empirical Confirmation of Wine-related Lifestyle Segments in the Australian Wine Market", *International Journal of Wine Marketing*, 2003, 15 (1): 5 – 33.

Josiam B. M. , Kinley T. R. and Youn-Kyung K, "Involvement and the Tourist Shopper: Using the Involvement Construct", *Journal of Vacation Marketing*, 2005, 11 (1): 135 – 154.

Kassarjian H. H. , "Low Involvement-A Second Look", *Advances in Consumer Research*, 1981, (8): 31 – 34.

Kaynak E. and Cavusgil S. T. , "The Evolution of Food Retailing Systems: Contrasting the Experience of Developed and Developing Countries", *Academy of Marketing Science*, 1982, 10 (3): 249 – 268.

Keller K. L. , "Conceptualizing, Measuring, and Managing Customer-Based Brand Equity", *Journal of Marketing*, 1993, 57 (1): 1 – 22.

Klein J. G. , Ettenson R and Morris M D, "The Animosity Model of Foreign Product Purchase: An Empirical Test in the People's Republic of China", *Journal of Marketing*, 1998, 62 (1): 89 – 100.

Kline R. B. , *Software Review: Software Programs for Structural Equation Modeling: Amos, EQS, and LISREL, Thousand Oaks*, CA: Sage Publications, 1998: 16, 343 – 364.

Knight G. A. and Calantone R. J. , "A Flexible Model of Consumer Country-of-origin Perceptions: A Cross-cultural Investigation", *International Marketing Review*, 2000, 17 (2): 127 – 145.

Knorringa P. , *Enterprise Clusters and Networks in Developing Countries*, Abingdon: Taylor & Francis Ltd, 1998: 35, 181.

Koubaa Y. , Methamem R. B. and Fort F. , "Multidimensional Structures of Brand and Country Images, and Their Effects on Product Evaluation", *International Journal of Market Research*, 2015, 57 (1):

95 – 124.

Krugman H. E. , "The Impact of Television Advertising: Learning Without Involvement1965", *The Public Opinion Quarterly*, 1965, 29 (3): 349 – 356.

Krugman H. E. , "The Measurement of Advertising Involvement", *The Public Opinion Quarterly*, 1966, 30 (4): 583 – 596.

Kwon J. and Leslie T. , "Searching for Boundary Conditions for Successful Brand Extensions", *Journal of Product & Brand Management*, 2010, 19 (4): 276 – 285.

Laczniak R. N. and Muehling D. D. , "Toward a Better Understanding of the Role of Advertising Message Involvement in Ad Processing", *Psychology & Marketing*, 1993, 10 (4): 301 – 319.

Landreth-Grau, S. and Polonsky, M. , *How is Social Impact Measured in the Nonprofit Sector? A Preliminary Review of Approaches*, in MPPC 2006 : 2006 AMA Marketing and Public Policy Conference, American Marketing Association, Chicago, Ill. , pp. 206 – 212.

Laroche M. , Papadopoulos N. , Heslop L. A. , et al. , "The influence of country image structure on consumer evaluations of foreign products", *International Marketing Review*, 2005, 22 (1): 96 – 115.

Laroche M. , Nepomuceno M. V. and Richard M. , "How Do Involvement and Product Knowledge Affect the Relationship Between Intangibility and Perceived Risk for Brands and Product Categories?", *Journal of Consumer Marketing*, 2010, 27 (3): 197 – 210.

Lastovicka J. L. and Gardner D. M. , "Low Involvement Versus High Involvement Cognitive Structures", *Advances in Consumer Research*, 1978, 5 (1): 87 – 92.

Laurent G. and Kapferer J. , " Measuring Consumer Involvement Profiles", *Journal of Marketing Research*, 1985, 22 (1): 41 –53.

Li D. , Wang C. L. , Jiang Y. , et al. , "The Asymmetric Influence of Cognitive and Affective Country Image on Rational and Experiential Purchases", *European Journal of Marketing*, 2014, 48 (11/12): 2153 –2175.

Li Z. G. , Murray L. W. and Scott D. , "Global Sourcing, Multiple Country-of-Origin Facets, and Consumer Reactions", *Journal of Business Research*, 2000, 47 (2): 121 –133.

Lim J. and Darley W. K. , "Evaluation of Foreign-made Products in a Limited Choice Environment: Application and Extension of the Direct Mediation", *The Marketing Management Journal*, 2009, 19 (1): 96 –112.

Lu I. R. R. , Heslop L. A. , Thomas D R, et al. , "An examination of the status and evolution of country image research", *International Marketing Review*, 2016, 33 (6): 825 –850.

Maheswaran D. , "Country of Origin as a Stereotype: Effects of Consumer Expertise and Attribute Strength on Product Evaluations", *Journal of Consumer Research*, 1994, 21 (2): 354 –365.

Markusen A. , "Sticky Places in Slippery Space: A Typology of Industrial Districts", *Economic Geography*, 1996, 72 (3): 293.

Martin C. L. , "Relationship Marketing: a High-involvement Product Attribute Approach", *Journal of Product & Brand Management*, 1998, 7 (1): 6 –26.

Martin I. M. and Eroglu S. , "Measuring a Multi-dimensional Construct: Country Image", *Journal of Business Research*, 1993, 28 (3): 191 – 210.

Matthes J. , Wonneberger A and Schmuck D, "Consumers' Green Involvement and the Persuasive Effects of Emotional Versus Functional Ads", *Journal of Business Research*, 2014, 67 (9): 1885 –1893.

Mcquarrie E. F. and Munson J. M. , "The Zaichkowsky Personal Involvement Inventory-Modification and Extension", *Advances in Consumer Research*, 1987, 14: 36 – 40.

Mcquarrie E. F. and Munson J. M. , "A Revised Product Involvement Inventory_Improved Usability and Validity", *Advances in Consumer Research*, 1992, 19: 108 – 115.

Monroe, Kent B. and R. Krishnan, *The Effects of Price on Subjective Product Evaluations in Perceived Quality: How Consumers View Stores and Merchandise*, eds. Jacob Jacoby and Jerry C. Olson, Lexington, MA: D. C. Heath, 1985, 209 – 232.

Morwitz V. G. , Stechel J. H. and Gupta A. , "When do Purchase Intentions Predict Sales?", *International Journal of Forecasting*, 2007, 23 (3): 347 – 364.

Mullet G. M. and Karson M. J. , "Analysis of Purchase Intent Scales Weighted by Probability of Actual Purchase", *Journal of Marketing Research*, 1985.

Muzafer S. and Hadley C. , *The Psychology of Ego-Involvements: Social Attitudes & Identifications*, New York: John Wiley&Sons Inc, 1947.

Nagashima A. , "A Comparison of Japanese and U. S. Attitudes toward Foreign Products", *Journal of Marketing*, 1970, 34 (1): 68 – 74.

Nagashima A. , "A Comparative 'Made In' Product Image Survey Among Japanese Businessmen", *Journal of Marketing*, 1977, 41 (3): 95 – 100.

Nunnally J. C. , *Psychometric Theory (2nd ed.)* . New York: McGraw-Hill, 1978.

Okechuku C. and Onyemah V. , "Nigerian Consumer Attitudes toward Foreign and Domestic Products", *Journal of International Business*

Studies, 1999, 30 (3): 611 – 622.

Olson, Jerry C. and Jacoby, *Cue Utilization in the Quality Perception Process. In M. Venkatesan*, ed. , Proceedings of the third annual conference of the association for consumer research, 1972, 167 – 179.

Parameswaran R. and Pisharodi R. M. , "Facets of Country of Origin Image: An Empirical Assessment", *Journal of Advertising*, 1994, 23 (1): 43 – 56.

Park C. W. and Young S. M. , "Consumer Response to Television Commercials: The Impact of Involvement and Background Music on Brand Attitude Formation", *Journal of Marketing Research*, 1986, 23 (1): 11 – 24.

Peterson R. A. and Jolibert A. J. P. , "A Meta-analysis of Country-of-origin Effects", *Journal of International Business Studies*, 1995, 26 (4): 883 – 896.

Petty R. E. , Cacioppo J. T. and Schumann D. , "Central and Peripheral Routes to Advertising Effectiveness: The Moderating Role of Involvement", *Journal of Consumer Research*, 1983, 10 (2): 135 – 146.

Rahman I. and Reynolds D. , "Wine: Intrinsic Attributes and Consumers Drinking Frequency, Experience, and Involvement", *International Journal of Hospitality Management*, 2015, 44 (1): 1 – 11.

Rainisto S. K. , "Success Factors of Place Marketing: A Study of Place Marketing Practices in Northern Europe and the United States", *Helsinki University of Technology*, 2003, 4 (4): 206 – 207.

Rao A. R. and Monroe K. B. , "The Effect of Price, Brand Name, and Store Name on Buyers' Perceptions of Product Quality: An Integrative Review", *Journal of Marketing Research*, 1989, 26 (3): 351 – 357.

Rezvani S. , Dehkordi G. J. , Rahman M. S. , et al. , "A Conceptual

Study on the Country of Origin Effect on Consumer Purchase Intention", *Asian Social Science*, 2012, 8 (12): 205 – 215.

Richins M. L. and Bloch P. H. , "After the New Wears off: The Temporal Context of Product Involvement", *Journal of Consumer Research*, 1986, 13 (2): 280 – 285.

Rochette C. , "The Public Brand Between New Practices and Public Values", *International Review of Administrative Sciences: An International Journal of Comparative Public Administration*, 2015, 81 (2): 326 – 345.

Rodriguez-Molina M. A. , Frias-Jamilena D M and Castaneda Garcia J A, "The Contribution of Website Design to the Generation of Tourist Destination Image: The Moderating Effect of Involvement", *Tourism Management*, 2015, 47 (12): 303 – 317.

Roth M. S. and Romeo J. B. , "Matching Product Category and Country Image Perceptions: A Framework for Managing Country-Of-Origin Effects", *Journal of International Business Studies*, 1992, 23 (3): 477 – 497.

Samiee S. , "Customer Evaluation of Products in a Global Market", *Journal of International Business Studies*, 1994, 25 (3): 579 – 604.

Sataoen H. L. and Waeraas A. , "Branding Without Unique Brands: Managing Similarity and Difference in a Public Sector Context", *Public Management Review*, 2015, 17 (3): 443 – 461.

Schooler R. D. , "Product Bias in the Central American Common Market", *Journal of Marketing Research*, 1965, II (November): 394 – 397.

Sheppard B. H. , Hartwick J. and Warshaw P. R. , "The Theory of Reasoned Action: A Meta-Analysis of Past Research with Recommendations for Modifications and Future Research", *Journal of Consumer Research*, 1988, 15 (3): 325 – 343.

Strazzieri A. , "Measurer Implication Durable Vis-à-vis D'un Products Independent du risqué precut", *Recherché at Applications En Marketing*, 1994, 9（1）: 73 – 91.

Supanvanij J. and Amine L. S. , "Consumer Perception of Country-of-Origin Effect and Brand Effect", *Latin American Business Review*, 2000, 4（1）: 47 – 60.

Swinyard W. R. , "The Effects of Mood, Involvement, and Quality of Store Experience on Shopping Intentions", *Journal of Consumer Research*, 1993, 20（2）: 271 – 280.

Tarkiainen A. and Sundqvist S. , "Product Involvement in Organic Food Consumption: Does Ideology Meet Practice?", *Psychology and Marketing*, 2009, 26（9）: 844 – 863.

Tse D. K. and Gorn G. J. , "An Experiment on the Salience of Country-of-Origin in the Era of Global Brands", *Journal of International Marketing*, 1993, 1（1）: 57 – 76.

Verlegh P. and Steenkamp J. , "A Review and Meta-analysis of Country-of-origin Research", *Journal of Economic Psychology*, 1999, 20（5）: 521 – 546.

Wang C. L. , Li. D. , Barnes B. R. , et al. , "Country image, Product Image and Consumer Purchase Intention: Evidence from an Emerging Economy", *International Business Review*, 2012, 21（6）: 1041 – 1051.

Warrington P. and Shim S. , *An Empirical Investigation of the Relationship between Product Involvement and Brand Commitment*, Psychology &Amp; Marketing, 2000.

Yunus N. S. N. M. and Rashid W. E. W. , "The Influence of Country-of-origin on Consumer Purchase Intention: The Mobile Phones Brand from China", *Procedia Economics and Finance*, 2016, 37: 343 – 349.

Zaichkowsky J. L. , "Measuring the Involvement Construct", *Journal of Consumer Research*, 1985, 12 (3): 341 – 352.

Zaichkowsky J. L. , "Conceptualizing Involvement", *Journal of Advertising*, 1986, 15 (2): 4 – 14.

Zaichkowsky J. L. , "The Personal Involvement Inventory: Reduction, Revision, and Application to Advertising", *Journal of Advertising*, 1994, 23 (4): 59 – 70.

附　　录

附录1　专家预审表

尊敬的 ✳✳✳ 专家：

　　您好！

　　我是吉林财经大学的一名教师，正在做一项有关区域品牌印象量表开发的研究工作，您是国内品牌研究和量表开发领域的专家，非常感谢您在百忙之中对本书的指导和帮助！

　　本次请您审核的"区域品牌印象"测量量表题项库是经文献研究与深度访谈汇总归纳的结果，共计101个题项。现将初始题项库提请您审核，希望您对于本测评量表的维度构成、维度内涵、题项构成、题项表述、回答方式等方面给出宝贵的指导意见（您可以直接加批注、更换字体颜色或使用修订功能等方式标明）！

　　请您首先就每个题项的归类，即是否可以用来测量变量的这一维度进行判断，如果可以用来测量某一维度，请在"是"的一栏内打"√"；如果不能用来测量任何维度，请在"否"的一栏内打"√"。

题　　项	是否可以用来衡量这一维度		代表性		
	是	否	好	中	差
地区印象（35）					
A0101　该地区政府政策透明					
A0102　该地区相关的法制健全					
A0103　该地区政府行政规范					
A0104　该地区政府工作人员廉洁					
A0105　该地区政府工作效率高					
A0106　该地区提供的基础设施完善					
A0107　该地区对外开放程度高					
A0108　该地区政府日常职能的履行情况好					
A0109　该地区政府能够快速处理突发事件					
A0201　该地区拥有良好的投资环境					
A0202　该地区经济增长速度较快					
A0203　该地区经济发展水平位于前列					
A0204　该地区劳动成本与经济发展水平相匹配					
A0205　该地区整体民众生活水平在全国位于前列					
A0206　该地区具有良好的经济基础					
A0207　该地区工业化程度高					
A0208　该地区经济发展前景好					
A0209　该地区位于我国经济繁荣地带					
A0301　该地区气候宜人					
A0302　该地区环境优美					
A0303　该地区自然资源丰富					
A0304　该地区地理位置优越					
A0305　该地区具有独特的自然资源					
A0306　该地区生态实现了可持续发展					
A0307　该地区具有优质的自然资源					
A0401　该地区教育设施完善					
A0402　该地区教育管理严格					
A0403　该地区拥有丰富的与××产业相关的科技成果					

续表

题　　项	是否可以用来衡量这一维度		代表性		
	是	否	好	中	差
A0404　该地区经常开展与××产业相关的科技活动					
A0501　该地区××产业历史悠久					
A0502　该地区与××产业相关的历史在该地区影响重大					
A0503　该地区的优秀工艺得到了有效的传承					
A0601　该地区在文化上很有吸引力					
A0602　该地区文化底蕴深厚					
A0603　该地区文化具有很强的影响力					
民众印象（13）					
B0001　该地区民众对外友善					
B0002　该地区民众勤劳					
B0003　该地区民众讲礼仪					
B0004　该地区民众卫生形象好					
B0005　该地区民众具有社会公德					
B0006　该地区民众行为举止佳					
B0007　该地区民众工作能力强					
B0008　该地区民众富有创意					
B0009　该地区民众给人亲切的感觉					
B0010　该地区民众值得信赖					
B0011　该地区民众为人正直					
B0012　对于个人来说，该地区民众让人有好感					
B0013　该地区民众手艺精湛					
企业印象（20）					
C0001　该地区具有规模较大的企业					
C0002　该地区具有龙头企业					
C0003　该地区拥有富有实力的企业					
C0004　该地区拥有发展历史悠久的企业					
C0005　该地区拥有国际化的企业					
C0006　该地区拥有在行业内具有影响力的企业					

续表

题　项	是否可以用来衡量这一维度		代表性		
	是	否	好	中	差
C0007　该地区企业具有很强的创新能力					
C0008　该地区企业具有很强的生产能力					
C0009　该地区企业技术水平处于领先地位					
C0010　该地区企业实力让人信服					
C0011　该地区企业以顾客需求为导向					
C0012　该地区企业更加吸引优秀人才					
C0013　该地区企业经常提供一些有价值的额外服务					
C0014　该地区企业口碑非常好					
C0015　该地区企业职员很优秀					
C0016　该地区企业受到消费者信赖					
C0017　该地区企业经常参加公益活动					
C0018　该地区企业重视保护环境					
C0019　该地区企业缓解了当地民众的就业问题					
C0020　该地区企业具有良好的社会公德					
产品印象（16）					
D0001　该地区生产的产品质量有保证					
D0002　该地区产品在全国范围内畅销					
D0003　该地区生产的产品性价比高					
D0004　该地区生产的产品设计上吸引人					
D0005　该地区生产的产品技术上优秀					
D0006　该地区生产的产品性能优越					
D0007　该地区生产的产品工艺精良					
D0008　该地区生产的产品款式新颖					
D0009　该地区生产的产品包装精美					
D0010　该地区生产的产品效果与预期一致					
D0011　该地区生产的产品能够满足消费者的个性化消费需要					
D0012　该地区生产的产品具有特色					
D0013　该地区生产的产品实用性较高					

续表

题 项	是否可以用来衡量这一维度		代表性		
	是	否	好	中	差
D0014 该地区生产的产品功能完善					
D0015 该地区的产品更新换代快					
D0016 该地区产品的售后服务好					
产业印象（17）					
E0001 该地区产业发展具有规模效应					
E0002 该地区产业形成了完整的产业链					
E0003 该地区产业呈现出完善的发展前景					
E0004 该地区产业在全国市场上占有率位于前列					
E0005 该地区产业在全国市场上具有很强的竞争力					
E0006 该地区产业是当地经济发展的支柱产业					
E0007 该地区产业全国知名					
E0008 该地区产业在国内众口皆碑					
E0009 该地区独特的自然环境促进了产业的发展					
E0010 该地区产业的发展得益于该区域专业技术人员					
E0011 该地区产业拥有独特的生产技术					
E0012 该地区产业拥有独特的生产流程					
E0013 该地区产业拥有独特的生产工艺					
E0014 该地区产业发展具有独特性					
E0015 该地区产业发展具有规范的专业市场					
E0016 该地区产业结构布局合理					
E0017 该地区产业成为当地对外宣传的名片					

消费者选购产品时会受到产品来源地的影响。当消费者将某一区域与某类产品或产业联系在一起时，易形成独特的区域品牌联想，区域内外的公众对该区域品牌的总体认知和评价即是区域品牌印象。基于消费者认知的区域品牌印象是一个十分复杂的、独特的、具有多维属性与结构的概念，科学提炼区域品牌印象的构成维

度和开发高质量测评量表，是进行相关实证研究的前提与基础。

区域品牌印象各维度的概念内涵界定如下：

（1）地区印象是一个系统化概念，它是产品所在地区的政治、经济、自然、科教、文化及历史等客观存在的众多要素在消费者头脑中形成的整体印象。

（2）民众印象是指消费者在了解后形成的对产品所在地区内民众基本特征的总体看法，包括民风民俗和内在品质等。

（3）企业印象是消费者将其获得的有关信息和使用企业产品的经验综合起来，形成的对该企业的整体性感知和评价，包括企业实力、企业声誉及企业社会责任等方面。

（4）产品印象是消费者对产品本身功能、所带来的利益和价值等产品特征的感知，包括产品质量、功能、价格、外观及对消费者需求的满足程度等方面。

（5）产业印象是指消费者对产品所在地区产业发展现状、发展动力、发展前景等多方面的综合感知，包括产业影响力、产业优势、产业规模等要素。

请您对上述保留下来的题项，就每个题项的代表性进行评价，具体填写时请在对应的表格内打"√"，"代表性"反映该题项与变量的关联程度，关联程度高，代表性好。

再次感谢您的支持与指导！

附录2 预测试问卷

区域品牌印象预调查问卷

问卷编号：_____

尊敬的先生/女士：

您好！

我是吉林财经大学的一名教师，正在进行一项与"区域品牌印象"有关的学术研究，希望能够得到您的支持和配合。这项调查不会涉及您的个人隐私，请根据您的真实想法放心填答。谢谢您！

本问卷主要了解您对"长白山人参"区域品牌印象的看法。长白山地区种植、生产、加工人参的历史悠久，人参产品产量目前达到世界产量的 70%，全国产量的 80%，是吉林省的主导产业。2009 年获国家工商总局批准使用"长白山人参"证明商标，目前已有 21 家企业被评定为"长白山人参"证明商标许可使用企业，108 种产品为"长白山人参"品牌产品。

接下来，请根据您对"长白山人参"的一些印象和消费体验，对下表中语句的描述进行判断，其中，"1"表示"非常不同意"，"2"表示"不同意"，"3"表示"不确定"，"4"表示"同意"，"5"表示"非常同意"。请在您最认同的数字上打"√"。

序号	题　项	非常不同意	不同意	不确定	同意	非常同意
C1	该地区拥有规模较大的人参生产加工企业	1	2	3	4	5
C2	该地区拥有历史悠久的人参生产加工企业	1	2	3	4	5
C3	该地区企业人参生产加工技术水平处于国内领先地位	1	2	3	4	5
C4	该地区人参生产加工企业口碑非常好	1	2	3	4	5
A1	该地区提供的基础设施完善	1	2	3	4	5
A2	该地区经济发展水平位于前列	1	2	3	4	5
A3	该地区具有独特的自然资源	1	2	3	4	5
A4	该地区生产加工人参的历史悠久	1	2	3	4	5
A5	该地区文化具有很强的影响力	1	2	3	4	5
D1	该地区生产的人参产品质量有保证	1	2	3	4	5
D2	该地区生产的人参产品设计上吸引人	1	2	3	4	5
D3	该地区生产人参产品的技术含量高	1	2	3	4	5
D4	该地区生产的人参产品工艺精良	1	2	3	4	5
B1	该地区民众对外友善	1	2	3	4	5
B2	该地区民众给人亲切的感觉	1	2	3	4	5
B3	该地区民众值得信赖	1	2	3	4	5
B4	该地区民众手艺精湛	1	2	3	4	5
E1	该地区人参产业在全国市场上占有率位于前列	1	2	3	4	5
E2	该地区人参产业全国知名	1	2	3	4	5
E3	该地区人参产业发展具有规范的专业市场	1	2	3	4	5
E4	该地区人参产业成为当地对外宣传的名片	1	2	3	4	5
F1	我对产品所在地区很感兴趣	1	2	3	4	5
F2	我与产品所在地区的关系非常紧密	1	2	3	4	5
F3	在产品所在地区的经历对我来说很有意义	1	2	3	4	5
F4	产品所在地区对我很有吸引力	1	2	3	4	5
F5	在产品所在地区的经历使我怀念	1	2	3	4	5
F6	我很了解产品所在地区	1	2	3	4	5

为了便于后续资料分析，我们想了解您的部分基本信息，谢

谢！请将符合您情况的选项填入题项后的括号中！

M1 您的性别是（　　　）

1. 男　　　　　　　　　　　　2. 女

M2 您的年龄是（　　　）

1. 20 周岁及以下　　　　　　　2. 21—30 周岁

3. 31—40 周岁　　　　　　　　4. 41 周岁及以上

M3 您的职业是（　　　）

1. 公职人员　　　　　　　　　2. 教师

3. 企业职员　　　　　　　　　4. 工人（含农民工）

5. 农民　　　　　　　　　　　6. 自由职业者

7. 学生

M4 您的月收入是（　　　）

1. 2000 元及以下　　　　　　　2. 2001—5000 元

3. 5001—8000 元　　　　　　　4. 8001—10000 元

5. 10001 元及以上

M5 您的受教育程度是（　　　）

1. 大学专科以下　　　　　　　2. 大专或本科

3. 硕士及以上

问卷到此结束，请再检查一下是否有遗漏，谢谢您的支持！

附录3　正式调研问卷

区域品牌印象效应调查正式问卷

问卷编号：＿＿＿＿＿

尊敬的先生/女士：

您好！

我是吉林财经大学的一名教师，正在进行一项关于温州鞋类产品的调查研究，希望能够得到您的支持和配合。这项调查不会涉及您的个人隐私，请根据您的真实想法放心填答。谢谢您！

温州制鞋历史悠久，最早可追溯至南宋时期。明朝成化年间，温州生产的靴鞋就已成为朝廷贡品。经过数百年的发展，制鞋、制革配套产业发展完备，专业化市场发达，成为中国鞋革业的发祥地之一。2001 年，中国轻工业联合会正式授予温州“中国鞋都”荣誉称号。目前全行业企业数量、市场份额及品牌数量均占据全国鞋革行业前茅。

接下来，请根据您对温州鞋类产品的一些印象和消费体验，对下表中语句的描述进行判断，其中，“1”表示“非常不同意”，“2”表示“不同意”，“3”表示“不确定”，“4”表示“同意”，“5”表示“非常同意”。请在您最认同的数字上打“√”。

序号	题　项	非常不同意	不同意	不确定	同意	非常同意
C1	该地区拥有规模较大的制鞋企业	1	2	3	4	5
C2	该地区拥有历史悠久的制鞋企业	1	2	3	4	5
C3	该地区制鞋的企业技术水平处于国内领先地位	1	2	3	4	5
A1	该地区具有独特的自然资源	1	2	3	4	5
A2	该地区制鞋历史悠久	1	2	3	4	5
A3	该地区文化具有很强的影响力	1	2	3	4	5
D1	该地区生产的鞋类产品设计上吸引人	1	2	3	4	5
D2	该地区生产鞋类产品的技术含量高	1	2	3	4	5
D3	该地区生产的鞋类产品工艺精良	1	2	3	4	5
B1	该地区民众对外友善	1	2	3	4	5
B2	该地区民众给人亲切的感觉	1	2	3	4	5
B3	该地区民众值得信赖	1	2	3	4	5
E1	该地区制鞋产业在全国市场上占有率位于前列	1	2	3	4	5
E2	该地区制鞋产业全国知名	1	2	3	4	5
E3	该地区制鞋产业成为当地对外宣传的名片	1	2	3	4	5
F1	我对产品所在地区很感兴趣	1	2	3	4	5
F2	我与产品所在地区的关系非常紧密	1	2	3	4	5
F3	在产品所在地区的经历对我来说很有意义	1	2	3	4	5
F4	产品所在地区对我很有吸引力	1	2	3	4	5
F5	在产品所在地区的经历使我怀念	1	2	3	4	5
F6	我很了解产品所在地区	1	2	3	4	5
G1	我愿意将温州鞋作为礼物送人	1	2	3	4	5
G2	我愿意向朋友展示温州鞋	1	2	3	4	5
G3	我认为温州鞋应在高档商店中售卖	1	2	3	4	5
H1	我认为温州鞋值得信赖	1	2	3	4	5
H2	我认为温州鞋质量好	1	2	3	4	5
H3	我认为温州鞋材质安全	1	2	3	4	5
I1	我以后还会购买温州鞋	1	2	3	4	5

续表

序号	题　项	非常 不同意	不同意	不确定	同意	非常 同意
I2	当我需要购买鞋类产品时，首先会考虑温州鞋	1	2	3	4	5
I3	我会向亲朋好友推荐温州鞋	1	2	3	4	5

为了便于后续资料分析，我们想了解您的部分基本信息，谢谢！请将符合您情况的选项填入题项后的括号中！

M1 您的性别是（　　）

1. 男　　　　　　　　　　2. 女

M2 您的年龄是（　　）

1. 20 周岁及以下　　　　　2. 21—30 周岁

3. 31—40 周岁　　　　　　4. 41 周岁及以上

M3 您的职业是（　　）

1. 公职人员　　　　　　　2. 教师

3. 企业职员　　　　　　　4. 工人（含农民工）

5. 农民　　　　　　　　　6. 自由职业者

7. 学生

M4 您的月收入是（　　）

1. 2000 元及以下　　　　　2. 2001—5000 元

3. 5001—8000 元　　　　　4. 8001—10000 元

5. 10001 元及以上

M5 您的受教育程度是（　　）

1. 大学专科以下　　　　　2. 大专或本科

3. 硕士及以上

问卷到此结束，请再检查一下是否有遗漏，谢谢您的支持！